N° D'ORDRE
225.

THÈSES

PRÉSENTÉES

A LA FACULTÉ DES SCIENCES DE PARIS

POUR OBTENIR

LE GRADE DE DOCTEUR ÈS SCIENCES,

PAR CAMILLE JORDAN.

1re THÈSE. — SUR LE NOMBRE DES VALEURS DES FONCTIONS.

2e THÈSE. — SUR LES PÉRIODES DES FONCTIONS INVERSES DES INTÉGRALES DES DIFFÉRENTIELLES ALGÉBRIQUES.

Soutenues devant la Commission d'Examen.

MM. DUHAMEL, *Président.*
SERRET, } *Examinateurs.*
PUISEUX, }

PARIS,
MALLET-BACHELIER, IMPRIMEUR-LIBRAIRE
DE L'ÉCOLE IMPÉRIALE POLYTECHNIQUE, DU BUREAU DES LONGITUDES,
Quai des Augustins, 55.

1860.

ACADÉMIE DE PARIS.

FACULTÉ DES SCIENCES DE PARIS.

DOYEN	MILNE EDWARDS, Professeur.	Zoologie, Anatomie, Physiologie.
PROFESSEURS HONORAIRES	BIOT.	
	PONCELET.	
PROFESSEURS	DUMAS	Chimie.
	DESPRETZ	Physique.
	DELAFOSSE	Minéralogie.
	BALARD	Chimie.
	LEFÉBURE DE FOURCY	Calcul différentiel et intégral.
	CHASLES	Géométrie supérieure.
	LE VERRIER	Astronomie.
	DUHAMEL	Algèbre supérieure.
	GEOFFROY-SAINT-HILAIRE	Anatomie, Physiologie comparée, Zoologie.
	LAMÉ	Calcul des probabilités, Physique mathématique.
	DELAUNAY	Mécanique physique.
	PAYER	Botanique.
	C. BERNARD	Physiologie générale.
	P. DESAINS	Physique.
	LIOUVILLE	Mécanique rationnelle.
	HÉBERT	Géologie.
	PUISEUX	Astronomie.
AGRÉGÉS	BERTRAND	Sciences mathématiques.
	J. VIEILLE	Sciences mathématiques.
	MASSON	Sciences physiques.
	PELIGOT	Sciences physiques.
	DUCHARTRE	Sciences naturelles.
SECRÉTAIRE	E. PREZ-REYNIER.	

(C.)

THÈSE D'ALGÈBRE.

SUR LE NOMBRE DES VALEURS DES FONCTIONS.

INTRODUCTION.

Si dans une fonction analytique de n lettres on permute ces lettres entre elles de toutes les manières possibles, on obtiendra en général $1, 2, \ldots, n$ fonctions différentes. Mais il pourra arriver que quelques-unes d'entre elles deviennent identiques, par suite de quelque symétrie que présente la fonction primitive. L'étude de ces diverses sortes de symétrie offre un grand intérêt : car c'est la base et le point de départ naturel de ce genre de recherches que M. Poinsot a distingué de tout le reste des mathématiques, sous le nom de *théorie de l'ordre* : elle présente en outre d'importantes applications. C'est dans le Mémoire où M. Cauchy a donné les premiers principes généraux de cette théorie, qu'il a établi pour la première fois les théorèmes fondamentaux sur les déterminants. Abel s'est appuyé sur elle pour établir l'irrésolubilité de l'équation générale du cinquième degré. Galois, dans un admirable Mémoire, en a fait dépendre, non-seulement les conditions de la résolution algébrique, mais la théorie entière des équations, considérée sous son point de vue le plus général, et la classification des irrationnelles algébriques.

La plupart des géomètres qui ont traité cette question, préoccupés par son application à la théorie des équations, ont cherché surtout à déterminer des minima pour le nombre des valeurs distinctes des fonctions de n lettres (*). J'ai abordé le problème autrement, et dans toute sa généralité, en m'appuyant principalement sur les notions établies par M. Cauchy en

(*) Tout le monde connaît les travaux de MM. Bertrand et Serret dans cette voie : ils ont été résumés l'année dernière dans une thèse remarquable de M. Mathieu, à laquelle je renverrai pour cette partie de l'histoire du sujet, qu'on retrouve également dans l'*Algèbre supérieure* de M. Serret.

1845, dans les *Comptes rendus* de l'Académie des Sciences. Cette marche, inverse de la précédente, donne d'abord les fonctions les moins symétriques, qui sont les moins avantageuses dans les applications. Mais si l'on se borne à étudier le problème de la symétrie en lui-même, cette méthode, plus naturelle et plus directe, peut seule conduire aux véritables principes.

Voici l'analyse succincte de ce Mémoire.

Il sera divisé en cinq chapitres.

Dans le chapitre Ier, je reprends les fondements du sujet. J'établis le théorème de Lagrange et quelques autres principes généraux : la presque totalité de ce chapitre est empruntée à M. Cauchy. J'ai cru faire une chose utile en résumant ainsi ces travaux importants et fort peu connus.

Le chapitre II est consacré à une étude spéciale. Je démontre la propriété essentielle, déjà bien connue, des substitutions représentées par le symbole BAB^{-1}. Je cherche ensuite le nombre de solutions de l'équation $BAB^{-1} = A^{\alpha}$. J'en conclus l'existence de fonctions de mp lettres ayant $\theta.m^p.1.2\ldots p$ valeurs égales, en désignant par θ l'un quelconque des diviseurs du nombre μ des nombres premiers à m et moindres que lui.

Dans le chapitre III, j'aborde la question dans toute sa généralité. Je démontre successivement les théorèmes suivants :

1°. Le problème se ramène au cas des fonctions transitives.

2°. Soit T un système transitif, formé des substitutions P, Q, R, S, etc....

Soit Σ le système qui dérive des substitutions QPQ^{-1}, RPR^{-1}, etc... ; il ne contient en général qu'une partie des substitutions de T. S'il est intransitif, et que par ses substitutions la lettre a_1 ne puisse remplacer que les lettres $a_1, a_2, \ldots, a_m$, toutes les lettres se diviseront en groupes d'un égal nombre de lettres

$$a_1 a_2 \ldots a_m,$$
$$b_1 b_2 \ldots b_m,$$
$$c_1 c_2 \ldots c_m,$$
$$\ldots\ldots$$

tels, que toute substitution du système T résulte de la combinaison de déplacements d'ensemble entre les groupes, et de permutations des lettres de chaque groupe entre elles.

On pourrait voir une image de ce résultat dans le théorème de mécanique qui ramène le mouvement général d'un corps solide à un mouvement de translation, combiné avec une rotation autour du centre de gravité.

Ce principe du classement des lettres en divers groupes est le même dont Gauss et Abel ont déjà montré la fécondité dans la théorie des équations : il me semble être dans l'essence même de la question, et sert de fondement à toute mon analyse.

Voilà déjà le problème divisé en deux parties, suivant que cette décomposition en groupes est possible ou non. Je me bornerai quant à présent à l'étude de ce premier cas.

Je montre que le problème se réduit immédiatement, à moins qu'il n'existe des substitutions qui ne fassent subir aux lettres que des déplacements intérieurs aux groupes. Je les nomme substitutions *de seconde espèce*, par opposition à celles qui déplacent les groupes. Soient $p, q, r, \ldots$, ces substitutions : j'établis le théorème suivant :

3°. Si, parmi toutes les décompositions de l'ensemble des lettres en groupes, on a choisi l'une de celles qui donnent le minimum de lettres dans chaque groupe; si, en prenant pour point de départ les substitutions $p, q, r, \ldots$, considérées seules, on divise les lettres de chaque groupe en sous-groupes, et de la manière qui donne à chaque sous-groupe le minimum de lettres, le nombre des lettres du groupe sera une puissance exacte p^m du nombre des lettres du sous-groupe. Ces lettres pourront être distinguées les unes des autres par m indices, variant chacun de 0 à $p-1$, et choisis de telle sorte que la série des lettres $a_{x,y,\alpha,\beta,\ldots}$, qui ont certains indices communs $\alpha, \beta, \ldots$, forment un sous-groupe, et que les divers sous-groupes obtenus en faisant varier les indices jusqu'ici constants $\alpha, \beta, \ldots$, jouissent de la propriété suivante : toute substitution de deuxième espèce résultera, en ce qui concerne les lettres du groupe des a, de la combinaison de mouvements d'ensemble de ces sous-groupes avec des mouvements intérieurs.

4°. Dans toute décomposition des lettres en sous-groupes jouissant d'une pareille propriété, le nombre des lettres du sous-groupe est une puissance de $p = p^{\alpha}$, et l'on en déduit μ manières différentes de décomposer le groupe en sous-groupes de p lettres.

Chapitre IV. Ces principes généraux posés, je montre que le problème se réduit immédiatement, s'il n'existe aucune substitution de seconde espèce qui laisse en repos quelqu'un des groupes. J'introduis alors ce principe nouveau, qui, joint au précédent, va donner d'importantes conséquences :

Si μ est le minimum du nombre de groupes dont une substitution de deuxième espèce déplace les lettres, que deux de ces substitutions soient telles, que le nombre des groupes ébranlés par toutes deux soit moindre que μ, elles sont échangeables.

Ier Cas particulier. S'il est impossible de trouver deux substitutions échangeables entre elles, qui amènent chacune une lettre telle que a à la place d'une même lettre a', les substitutions qui n'ébranlent que μ groupes auront une forme très-symétrique, que je détermine. Je me suis d'ailleurs peu appesanti sur ce cas.

IIe Cas. Si l'on écarte l'hypothèse restrictive qui a donné naissance au premier cas on arrive à ce remarquable théorème :

Toute substitution, parmi celles qui n'ébranlent que μ groupes, déplace toutes les lettres de ces groupes.

Je déduis de là la marche à suivre pour résoudre le problème ; et pour démontrer que le cas actuel est possible en général, j'établis ce nouveau théorème :

Soit S un système transitif de substitutions entre m lettres, et tel, que chacune de ses substitutions déplace toutes les lettres, il existe *un système réciproque* analogue, et échangeable avec lui.

IIIe Cas. J'écarte encore l'hypothèse restrictive suivante : Il est impossible de trouver trois systèmes de substitutions échangeables entre eux, parmi ceux qui n'ébranlent que μ groupes, et tels, que chacun d'eux permette de remplacer l'une par l'autre deux mêmes lettres a, a'. Avec cette réserve je démontre successivement les théorèmes suivants :

Toutes les substitutions qui n'ébranlent que μ groupes sont échangeables entre elles.

Le nombre des lettres du sous-groupe est une puissance n d'un nombre premier p. Ces lettres pourront être représentées par le symbole général $a_{x,y,z,\ldots}$ où les indices x, y, z,..., en nombre n, peuvent varier chacun de o à $p-1$.

Les lettres du groupe, dont le nombre est une puissance exacte de celui des lettres du sous-groupe, seront représentées par le symbole

$$a_{x,y,z,\ldots,x',y',z',\ldots,x'',y'',z'',\ldots}$$

Enfin, pour représenter toutes les lettres, il faudra introduire un nouvel indice i, variant d'un groupe à un autre.

Cela posé, je démontre :

1°. Que les substitutions qui n'ébranlent que μ groupes remplacent la lettre générale

$$a_{i,x,y,z,\ldots,x',\ldots}$$

par

$$a_{i,\,x+\alpha,\,y+\beta,\,z+\gamma,\dots,\,x'+\alpha',\dots}$$

$\alpha, \beta, \gamma, \dots, \alpha', \dots,$ étant des constantes qui ne dépendent que de i;

2°. Que toute substitution de deuxième espèce remplace $a_{i,x,y,z,\dots,x',\dots}$ par $a_{i,x_1,y_1,z_1,\dots,x'_1,\dots}$, où l'on a

$$\left|\begin{array}{l} x_1 \equiv ax + by + cz \ldots + d \\ y_1 \equiv c'x + a'y + b'z \ldots + d' \\ z_1 \equiv b''x + c''y + a''z \ldots + d'' \\ \ldots\ldots\ldots\ldots\ldots\ldots\ldots\ldots \end{array}\right| \bmod p,$$

$$\left|\begin{array}{l} x'_1 \equiv a_1 x' + b_1 y' + c_1 z' + d_1 \\ y'_1 \equiv \ldots\ldots\ldots\ldots\ldots\ldots \\ z'_1 \equiv \ldots\ldots\ldots\ldots\ldots\ldots \\ \ldots\ldots\ldots\ldots\ldots\ldots\ldots\ldots \end{array}\right| \bmod p,$$

les coefficients des équations linéaires étant encore des constantes fonctions de i;

3°. Que toute substitution du système T remplace $a_{i,x,y,\dots,x',\dots}$, par $a_{i,x_1,y_1,\dots,x'_1,\dots}$, où l'on a cette fois

$$\left|\begin{array}{l} x_1 \equiv Ax + By + Cz + A_1 x' + \ldots + D \\ y_1 \equiv C'x + A'y + B'z + \ldots\ldots\ldots\ldots \\ \ldots\ldots\ldots\ldots\ldots\ldots\ldots\ldots\ldots\ldots\ldots\ldots \\ x'_1 \equiv \ldots\ldots\ldots\ldots\ldots\ldots\ldots\ldots\ldots \\ \ldots\ldots\ldots\ldots\ldots\ldots\ldots\ldots\ldots\ldots\ldots\ldots \end{array}\right| \bmod p,$$

A, B, C,..., D,... I étant des fonctions de i.

On déduit de là une indication remarquable sur le nombre de substitutions que peut renfermer le système T. Si l'on imagine un nouveau système, défini par des équations linéaires analogues, où I, A, B,..., D... puissent prendre pour chaque valeur de i tous les systèmes de valeurs possibles, il contiendra évidemment toutes les substitutions du système T. Et par une généralisation aisée du théorème de Lagrange, on voit que son ordre doit être un multiple de celui de T.

Chapitre V. Pour tirer parti de ce résultat, je détermine l'ordre de ce nouveau système.

La fonction I de i est susceptible de $1, 2, \dots, i'$ valeurs distinctes, i' étant le nombre des indices i.

D, D',..., sont susceptibles de p valeurs distinctes relativement au module p, pour chaque valeur de i.

A, B, C,..., seraient également susceptibles de p valeurs pour chaque valeur de i; mais toutes ne sont pas admissibles : on doit rejeter tous les systèmes de valeurs qui annulent le déterminant

$$\begin{vmatrix} A\ B\ C\ A_1 \dots \\ C'A'B' \dots \\ \dots\dots\dots \end{vmatrix}$$

M étant le nombre des indices, je démontre que le nombre des valeurs distinctes qu'on peut attribuer à ces coefficients sans annuler le déterminant, est égal à

$$p^{\frac{M(M-1)}{2}}(p+1)(p^2-1)\dots(p^M-1).$$

Et de là je déduis ce théorème, qui sert de conclusion à mon travail :

Sauf les deux exceptions signalées plus haut, le nombre des lettres du groupe doit être une puissance M d'un nombre premier p : et si i' est le nombre des groupes, le nombre des substitutions du système T considéré sera un diviseur de l'expression

$$1 . 2 \dots i' \left\{ p^{\frac{M(M+1)}{2}} (p-1)(p^2-1)\dots(p^M-1) \right\}^{i'}.$$

Je déduis ensuite de là une série de résultats plus particuliers (*).

(*) Je viens de retrouver tout dernièrement dans les œuvres de Galois l'énoncé de ce théorème, dont la démonstration fait l'objet du chapitre V ·

Le nombre des systèmes de valeurs qu'on peut donner aux M^2 lettres d'un déterminant

$$\begin{vmatrix} a & b & c \\ \dots\dots & \dots\dots & \dots\dots \\ a_{M-1} & b_{M-1} & \dots \end{vmatrix}$$

CHAPITRE Ier.

PRÉLIMINAIRES.

L'opération qui consiste à changer l'ordre des lettres se nomme une *substitution*. Le nombre des substitutions différentes est $1.2\ldots n$, en y comprenant la substitution 1, qui laisse subsister l'ordre primitif.

Si la fonction a moins de $1.2\ldots n$ valeurs, c'est qu'il y a des substitutions qui ne l'altèrent pas. Soient A et B deux d'entre elles. Désignons par AB la substitution résultante obtenue en les effectuant l'une après l'autre. AB laissera encore la fonction inaltérée.

On conclut de là que si A, B, C, sont des substitutions inaltérantes, toutes celles qu'on obtiendra en les effectuant successivement tant qu'on voudra, et dans un ordre quelconque, le seront aussi. Ainsi $A^{\alpha} B^{\beta} C^{\gamma} B^{\beta'}\ldots$ le sera. Le système des substitutions A, B, C et de celles qui en dérivent

---

sans l'annuler par rapport à un module premier p, est égal à

$$p^{\frac{M(M-1)}{2}}(p-1)\ldots(p^{M}-1).$$

Il en donne la démonstration pour $M = 2$: elle est fondée sur les imaginaires de la théorie des nombres, et je ne l'ai pas très-bien saisie. Celle que je donne au chapitre V est tout à fait directe et générale.

J'ai complétement refondu la fin du chapitre IV, et généralisé le théorème final, pour l'étendre au second cas; son énoncé devient alors le suivant :

Soient m le nombre des lettres du sous-groupe, m^{p} celui des lettres du groupe, Km^{p} le nombre total : 1° on formera un système de substitutions, transitif et d'ordre m, entre m lettres; 2° on formera le système S des substitutions qui lui sont permutables; soit N l'ordre de ce dernier système; 3° l'ordre du système total considéré sera un diviseur de $1.2\ldots KN^{pK}$.

En appliquant ce théorème au troisième cas, on trouve, par le moyen du théorème du chapitre V, que l'ordre du système divise

$$1.2\ldots K\left\{n^{\frac{r(r+1)}{2}}.(n-1)(n^{2}-1)\ldots(n^{r}-1)\right\}^{pK},$$

le nombre m des lettres du sous-groupe étant égal à n^{r}, et n premier.

Cette limite est plus resserrée que celle de la page 7; il est aisé de voir que cette nouvelle expression divise la première; pour cela il faudrait commencer par ramener les deux notations à l'identité.

ainsi, sera ce que M. Cauchy appelle un *système conjugué*. L'ordre du système sera le nombre des substitutions différentes qu'il contient (y compris la substitution 1).

Ainsi les substitutions inaltérantes forment toujours un système conjugué. Réciproquement, tout système conjugué peut être considéré comme le système des substitutions inaltérantes d'une certaine fonction qu'il est facile de former.

On se donne une expression dissymétrique par rapport aux n lettres $a, b, c\ldots$; celle-ci par exemple, $\alpha a + \beta b + \gamma c \ldots +$: puis on forme une fonction symétrique des valeurs que prend cette expression en y effectuant toutes les substitutions du système conjugué; on prendra, par exemple, le produit $(\alpha a + \beta b \ldots)(\ldots)(\ldots)$. Cette fonction sera invariable par toutes les substitutions du système, qui ne font que permuter les facteurs les uns dans les autres; car si P, Q, R,..., sont les substitutions du système conjugué et si l'on désigne par F_x ce que devient la fonction lorsqu'on y a effectué la substitution x, le produit sera représenté par $F_1 F_P F_Q$; après la substitution P il sera devenu $F_P F_{P^2} F_{QP}$.... Mais les substitutions P, P^2, QP... sont évidemment distinctes, et appartiennent toutes au système conjugué : ce sont donc les substitutions 1, P, Q,..., écrites dans un autre ordre. D'un autre côté toute autre substitution, altérant essentiellement les facteurs, altérera le produit.

Le problème de déterminer toutes les substitutions distinctes d'un système conjugué dérivé des substitutions A, B, C,..., est facile à résoudre.

On formera les substitutions

$$\begin{vmatrix} A^2 & AB & AC\ldots \\ BA & B^2 & BC\ldots \\ CA & CB & C^2\ldots \end{vmatrix}$$

Si quelqu'une d'entre elles est identique à l'une des substitutions primitives A, B, C, on la barre : puis, partant de celles qui restent, on forme le tableau

$$\begin{matrix} A^3 & A^2B & A^2C\ldots \\ ABA & AB^2 & ACB\ldots \\ \ldots & \ldots & \ldots \\ BA^2 & BAB & BAC\ldots \end{matrix}$$

Dans ce tableau, on barrera toutes celles des substitutions qui sont identiques à l'une des précédentes, et, partant de celles qui restent, on formera un nouveau tableau, et ainsi de suite; l'opération sera finie lorsque toutes les substitutions d'un tableau seront barrées.

On conçoit qu'en prenant successivement pour point de départ toutes les combinaisons possibles A, B, C,..., de substitutions, qui sont en nombre limité pour un nombre n de lettres, on pourrait former tous les systèmes conjugués possibles. Le problème du nombre de valeurs serait alors résolu, grâce à ce théorème, dû à Lagrange :

Le produit du nombre p des valeurs distinctes de la fonction par l'ordre q du système des substitutions inaltérantes $= 1.2...n$.

En effet, soient 1, A, B, C,..., ces q substitutions inaltérantes. Soit M une substitution qui n'appartienne pas à ce système. Les substitutions

$$M, AM, BM, CM,...,$$

produisent toutes la même altération, et sont évidemment distinctes. Soit N une substitution autre que les précédentes : les substitutions

$$N, AN, BN, CN,$$

produiront la même altération et seront distinctes entre elles : de plus, elles seront distinctes des précédentes; car si l'on avait

$$AM = BN,$$

ou aurait

$$N = (B^{-1}A)M,$$

ce qu'on ne peut admettre, car $B^{-1}A$ fait partie du système 1, A, B, C,... ; N ferait donc partie du système

$$M, AM, BM,...,$$

ce qui est contre l'hypothèse.

Continuant ainsi, on voit que chaque nouvelle valeur de la fonction pourra être obtenue par q substitutions différentes; ce qui démontre le théorème énoncé. Cette démonstration est, je crois, de M. Cauchy.

Voilà ainsi une méthode certaine pour résoudre le problème; mais il serait sans doute fort difficile d'en tirer quelque loi générale indépendante de n; et de plus les calculs sont impraticables. Une étude plus approfondie de la nature des substitutions est donc nécessaire.

Soient $a, b, c,...,$ les n lettres de la fonction, A une substitution. Si on l'effectue, a sera remplacé par une autre lettre b, celle-ci par une lettre telle que c, etc., jusqu'à une lettre k, qui sera remplacée par a. Les lettres $abc \ldots k$, qui se remplacent ainsi en cercle, formeront un *cycle*. Si ce cycle comprend toutes les lettres, la substitution sera dite *circulaire*. Sinon, une lettre étrangère à ce cycle donnera naissance à un nouveau cycle ($a'b' \ldots$). Il pourra de même y en avoir un troisième, un quatrième, etc. Si une lettre n'est pas déplacée, elle se remplace elle-même : son cycle n'a qu'une lettre. Toutes les lettres se partageront donc en cycles

$$ab \ldots k, \quad a'b' \ldots k', \quad a''b'', \ldots, \text{ etc.}$$

Pour les mettre en évidence, j'emploierai indistinctement dans la suite l'une des deux notations suivantes :

$$A = \begin{vmatrix} ab \ldots k \\ a'b' \ldots k' \\ a''b'' \ldots k'' \end{vmatrix} \quad \text{ou} \quad A = \begin{vmatrix} a \\ b \\ \ldots \\ k \end{vmatrix} \begin{vmatrix} a' \\ b' \\ \ldots \\ k' \end{vmatrix} \begin{vmatrix} a'' \\ b'' \\ \ldots \\ k'' \end{vmatrix} \ldots$$

Suivant le cas, l'une ou l'autre sera d'une écriture plus commode.

Si tous les cycles ont le même nombre de lettres, la substitution est dite *régulière*.

Effectuer la substitution A^m, c'est remplacer chaque lettre a par celle qui la suit de m rangs dans son cycle. L'ordre de la substitution A sera donc égal au plus petit multiple μ des degrés des cycles qui la composent ; car A^μ sera la première des substitutions $AA^2 \ldots A^\mu$ qui remplace chacune des lettres, telles que a, par elle-même.

Si μ n'est pas une puissance d'un nombre premier, on pourra trouver dans la série $A \ldots A^\mu$ un système de substitutions dans chacune desquelles cette condition soit remplie, et d'où l'on puisse déduire toute la série.

En effet, soit Mp^α l'ordre de la substitution A, p étant un nombre premier qui ne divise pas M. L'ordre d'un cycle quelconque sera $Dp^{\alpha'}$, où D est un diviseur de M, et $\alpha' \overline{\gtrless} \alpha$. J'effectue A, M fois de suite. La première lettre du cycle considéré sera remplacée par la $M + 1^{\text{ième}}$, à laquelle succédera la $2M + 1^{\text{ième}}$, etc. On formera ainsi la suite des lettres qui se remplacent, en distinguant les lettres par l'indice du rang qu'elles occupaient dans le cycle

$$a_1, \; a_{M+1}, \; a_{2M+1}, \ldots, \; a_{(p^{\alpha'}-1)M+1},$$

Ici elle s'arrêtera, car $p^{\alpha'}M + 1 \equiv 1 \bmod p^{\alpha'}D$.

De même la lettre a_2 donnera naissance au cycle suivant :

$$a_2, a_{M+2}, \ldots, a_{(p^{\alpha'}-1)M+2}, \ldots$$

Ce cycle d'ordre $Dp^{\alpha'}$ donnera ainsi naissance à D cycles de degré $p^{\alpha'}$. L'ordre de la nouvelle substitution A^M sera donc p^{α}.

De même, en répétant $A\,p^{\alpha}$ fois de suite, le cycle $Dp^{\alpha'}$ donnera naissance à $p^{\alpha'}$ cycles de degré D; la substitution $A^{p^{\alpha}}$ sera donc d'ordre M.

Cela posé, je vais démontrer que de ces deux substitutions A^M et $A^{p^{\alpha}}$, on pourra déduire A, et par suite toute la série $A, A^2, \ldots, A^{\mu}$.

Effectuons ces deux substitutions successivement. Nous obtenons ainsi $A^{M+p^{\alpha}}$. Mais $M+p^{\alpha}$ est premier à $\mu = Mp^{\alpha}$. On peut donc choisir un entier θ tel que $(M+p^{\alpha})\theta \equiv 1 \bmod \mu$. On a alors $A^{(M+p^{\alpha})\theta} = A$.

C. Q. F. D.

On pourra de même, si M est décomposable en facteurs premiers différents, décomposer la substitution d'ordre M, $A^{p^{\alpha}}$ en un système d'autres substitutions. Le théorème est donc démontré. Il a été donné pour la première fois par M. Cauchy, en 1845, ainsi que tout ce qui précède.

Cette décomposition des substitutions complexes en substitutions plus simples présente une grande analogie avec celle des nombres en facteurs premiers. Ainsi cette substitution ne peut être décomposée qu'en un seul système de facteurs distincts. En effet, pour extraire le facteur premier relatif à p^{α}, il faudra évidemment répéter A un nombre de fois $\mathfrak{M}.M$ multiple de M; on n'obtiendra donc ainsi que les substitutions qui se déduisent de A^M, et réciproquement on pourra en déduire celle-ci si $\mathfrak{M}$ n'est pas divisible par p. S'il l'est, $A^{\mathfrak{M}.M}$ sera une substitution plus simple que A^M, qui s'en déduit, mais qui ne peut servir à la reconstituer. En effet, dans ce cas, on aura toujours

$$\theta.\mathfrak{M}.M \equiv \text{ multiple de } pM \bmod \mu.$$

On peut encore dire que le produit ne change pas quand on change l'ordre des facteurs; car

$$A^m A^n = A^n A^m = A^{m+n}.$$

Réciproquement, on peut se demander quelles sont les conditions nécessaires pour qu'en renversant l'ordre dans lequel on effectue deux substitutions p et q, on n'altère pas le résultat final. Si ces conditions sont satisfaites, les deux substitutions seront dites échangeables. Les relations qui déterminent l'échangeabilité sont faciles à établir, et M. Cauchy les a données en 1845. Cette considération étant l'un des éléments essentiels de mon analyse, je traiterai d'abord ce problème par une méthode un peu plus directe, et en le généralisant. J'en déduirai une classe assez curieuse de systèmes conjugués, dont l'ordre dépend de la théorie des nombres; cela me donnera d'ailleurs l'occasion de mettre en lumière quelques-uns des principes dont je ferai usage, avant de les appliquer à l'étude du problème général.

CHAPITRE II.

SUR UNE CLASSE PARTICULIÈRE DE FONCTIONS.

Je me propose actuellement de résoudre le problème suivant :

Trouver les conditions nécessaires et suffisantes pour que la substitution B satisfasse à l'équation

$$A^m B = BA, \quad \text{ou} \quad BAB^{-1} = A^m.$$

Les substitutions telles que BAB^{-1} ont une relation simple et remarquable avec les substitutions A et B dont elles dérivent. Soient a_1 une lettre quelconque, a_2 celle qui la remplace lorsqu'on effectue la substitution A, b_1 et b_2 celles qu'elles remplacent respectivement en vertu de la substitution B. Je dis que la substitution BAB^{-1} amènera b_2 à la place de b_1.

En effet, la substitution B^{-1} amène b_2 à la place de a_2; mais on venait d'amener a_2 à la place de a_1 par la substitution précédente A; enfin a_1 s'était substitué à b_1 par la première substitution B. Donc b_2 arrive à la place qu'occupait primitivement b_1.

On a donc le théorème suivant fort important.

Théorème. On formera l'expression de la substitution BAB^{-1} en remplaçant dans l'expression de la substitution A, chaque lettre par celle qui la précède dans l'expression de la substitution B.

Soit, par exemple,

$$A = \left| \begin{matrix} abc \\ de \\ f \end{matrix} \right|, \quad B = \left| \begin{matrix} abcd \\ fe \end{matrix} \right|,$$

on aura

$$BAB^{-1} = \begin{vmatrix} cad \\ bf \\ e \end{vmatrix}.$$

De ce théorème résulte immédiatement une première condition : il faut que m soit premier à l'ordre μ de la substitution A. Car $A^m = BAB^{-1}$ doit, en vertu de ce qui précède, être composée du même nombre de cycles, contenant chacun le même nombre de lettres, que la substitution A : propriété que j'exprimerai dans la suite d'une manière plus abrégée, en disant que ces deux substitutions sont semblables. Et d'un autre côté, si m n'était pas premier à μ, nous avons vu que quelques-uns des cycles de A se partageraient dans A^m en cycles d'un moindre nombre de lettres.

Cela posé, la condition essentielle à laquelle on doit satisfaire, toujours à cause du théorème précédent, est celle-ci : Si a_0, a_1 sont deux lettres qui se suivent dans A, et que a_0 soit précédé de b_0 dans B, a_1 devra y être précédé de la lettre b_m, qui vient la $m^{ième}$ après b_0 dans A : de même, si a_2 succède à a_1 dans A, il sera précédé dans B par b_{2m}... etc. Donc tous les a seront précédés par les b. De même, si b_0 est précédé par c_0, tous les b seront précédés des c, etc.

De là résulte que tous les cycles de A dont quelque lettre se trouve dans B faire partie du même cycle que l'une des lettres a, contiennent tous le même nombre de lettres que celui des lettres a. Si donc la substitution A n'est pas régulière, mais se compose de cycles a, b, c ayant μ lettres, de cycles, a', b', c'... ayant μ' lettres, etc..., la substitution B se composera de cycles contenant les lettres a, b, c..., d'autres cycles distincts des premiers, contenant exclusivement les lettres des cycles $a'b'c'$... etc. Il suffira évidemment de comparer isolément dans la substitution A les cycles a, b, c... avec ceux de B qui leur correspondent. Le problème est donc ramené au cas où la substitution A est régulière.

Soit

$$A = \begin{vmatrix} a_0 a_1 \ldots a_{\mu-1} \\ b_0 b_1 \ldots b_{\mu-1} \\ \ldots\ldots\ldots \\ k_0 k_1 \ldots k_{\mu-1} \end{vmatrix}.$$

On peut prendre à volonté les dernières lettres de celui des cycles de B qui finit par a_0, à condition qu'on les prenne toutes dans des cycles de A différents. Car si a_0 est précédé de b_β, tous les b devront être suivis des a dans la substitution B : donc le cycle a sera le premier dont une lettre reparaîtra lorsqu'on suivra en remontant la série des lettres du cycle. Sitôt que cela arrivera, tous les cycles de B qui contiennent les lettres a seront parfaitement déterminés, sans qu'il y ait jamais d'impossibilité.

En effet, soit, par exemple, $a_\alpha c_\gamma b_\beta a_0$ la fin du cycle considéré : puisque a_0 est précédé de b_β, a_α le sera de $b_{\beta+\alpha m}$, qui sera précédé de $c_{\gamma+\alpha m'}$, puisque b_β est précédé de c_γ. De même $c_{\gamma+\alpha m'}$ sera précédé de $a_{\alpha(1+m')}$; puis viendront successivement

$$b_{\beta+\alpha m(1+m')},\ c_{\gamma+\alpha m'(1+m')},\ \ldots,$$

et la première lettre sur laquelle on retombera sera a_0. Car si l'on considère les indices x et y de deux lettres quelconques qui se suivent, ils sont liés par une équation linéaire $y = mx + p$. Ainsi, par exemple, l'indice d'une lettre b étant $\beta + x_1 = x$, celui de la lettre c qui la précède sera

$$y \equiv \gamma + mx_1 \equiv mx + (\gamma - m\beta) \text{ mod. } \mu.$$

Cette relation étant linéaire et m premier à μ, à chaque valeur de y correspond une seule valeur de x. Si donc, en suivant la série, on retombe sur c_γ, c'est qu'on était auparavant retombé sur b_β, et avant encore sur a_0.

Le cycle est donc complétement déterminé : s'il ne contient pas tous les a, soit a_1 l'un de ceux qu'il ne contient : le cycle qui se termine à a_1 se déterminera de proche en proche comme le précédent :

$$\ldots\ a_{\alpha+m'} c_{\gamma+m'} b_{\beta+m} a_1$$

et la première lettre qui se répétera sera encore a_1.

En continuant ainsi, on voit que tous les cycles de B qui contiennent les lettres $a, b, c, \ldots$, sont déterminés. Si A contient d'autres cycles que ceux qui entrent dans ce calcul, tels que

$$(d_0 d_1 \ldots d_{\mu-1}), \ \ldots\ (k_0 k_1 \ldots k_{\mu-1}),$$

on les considérera à part, et l'on pourra se donner de même arbitrairement la série des lettres qui précèdent d_0 jusqu'à ce qu'on retrouve un d, auquel cas tous les cycles de B qui contiennent les d seront parfaitement déterminés, etc....

On peut ainsi former chacune des substitutions cherchées qui satisfont à l'équation

$$BAB^{-1} = A^m.$$

Leur nombre est facile à trouver. En effet, soit p le nombre des cycles de A, μ le nombre des lettres de chacun, a_0 une lettre considérée en particulier, $N(p, \mu)$ le nombre cherché, fonction des deux variables p et μ. Il faut considérer isolément le nombre des substitutions dans lesquelles a_0 est précédé immédiatement par un autre a, le nombre de celles où une autre lettre arbitraire, étrangère au système a, se trouve interposée, de celles où deux lettres arbitraires sont interposées, etc...

1°. Dans le premier cas, a_0 peut être précédé de l'une quelconque des lettres de la série $a_0 a_1 \ldots a_{\mu-1}$, ce qui donne μ cas différents. Dans chacun d'eux, il reste $p-1$ cycles de A qui ne sont assujettis à aucune condition, et qui donnent pour B un nombre de valeurs égal à $N(p-1, \mu)$: nombre total $\mu N(p-1, \mu)$.

2°. S'il y a une lettre arbitraire interposée, elle peut être prise d'une manière quelconque parmi les $\mu(p-1)$ qui sont étrangères au groupe a. Celle qui la précède sera quelconque parmi les μ du cycle a : il restera $p-2$ cycles de A qui ne seront assujettis à aucune condition, et donneront $N(p-2, \mu)$ formes différentes de B : le nombre total sera

$$\mu^2 (p-1) N(p-2, \mu).$$

3°. S'il y a deux lettres arbitraires, la première, b_μ, sera prise parmi les $(p-1)\mu$ qui sont étrangères au cycle a : la seconde parmi les $(p-2)\mu$ étrangères aux cycles a et b... etc. On aura

$$\mu^3 (p-1)(p-2) N(p-3, \mu)$$

formes différentes pour B.

Continuant ainsi, on aura l'équation

$$N(p, \mu) = \mu N(p-1, \mu) + \mu^2 (p-1) N(p-2, \mu)$$
$$+ \mu^3 (p-1)(p-2) N(p-3, \mu) + \ldots + \mu^p . (p-1)(p-2) \ldots 2.1.$$

Posons

$$N(p, \mu) = F(p, \mu) . \mu^p,$$

il vient

$$F(p, \mu) = F(p-1, \mu) + (p-1) F(p-2, \mu) + \ldots$$
$$+ (p-1)(p-2) \ldots 2.1.$$

Pour $p = 1$,

$$N(1, \mu) = \mu,$$

d'où

$$F(1, \mu) = 1,$$

quel que soit μ ; et l'équation qui lie $F(p, \mu)$ à $F(p-1, \mu)$, $F(p-2, \mu) \ldots$ ne contenant pas μ explicitement, on conclura que $F(2, \mu) \ldots F(p, \mu)$ sont indépendants de μ.

On pourra donc supposer $\mu = 1$. Mais alors la substitution A n'est autre que la substitution 1, entre p lettres : or une substitution quelconque B entre ces p lettres satisfait à la condition $B1B^{-1} = 1^m$. Le nombre des substitutions cherchées est donc en ce cas $1 \cdot 2 \ldots p$.

Donc en général le nombre des substitutions B qui satisfont à la condition voulue, est $\mu^p \cdot 1 \cdot 2 \ldots p$.

Soient maintenant B, C, D, toutes les diverses substitutions qui satisfont à une équation de la forme

$$BAB^{-1} = A^{m^r},$$

où r est une quantité variable qui peut prendre toutes sortes de valeurs. Les substitutions B, C, D . . . forment un système conjugué.

Soit en effet

$$\begin{aligned} BAB^{-1} &= A^{m^r} \quad \text{ou} \quad BA = A^{m^r}B \\ CAC^{-1} &= A^{m^{r'}} \qquad\qquad \text{»} \\ DAD^{-1} &= A^{m^{r''}} \qquad\qquad \text{»} \\ &\ldots\ldots\ldots\ldots\ldots\ldots \end{aligned}$$

et soit $B^\alpha C^{\alpha'} D^{\alpha''}$ une substitution quelconque parmi celles qui dérivent de B, C, D. On aura

$$\begin{aligned} B^\alpha C^{\alpha'} D^{\alpha''} A &= B^\alpha C^{\alpha'} A^{m^{\alpha'' r''}} D^{\alpha''} \\ &= B^\alpha A^{m^{\alpha'' r'' + \alpha' r'}} C^{\alpha'} D^{\alpha''} \\ &= A^{m^{\alpha'' r'' + \alpha' r' + \alpha r}} B^\alpha C^{\alpha'} D^{\alpha''}. \end{aligned}$$

Donc $B^\alpha C^{\alpha'} D^{\alpha''}$ satisfera à l'équation

$$B^\alpha C^{\alpha'} D^{\alpha''} A \left(B^\alpha C^{\alpha'} D^{\alpha''}\right)^{-1} = A^{m^\rho},$$

en posant

$$\rho = \alpha r + \alpha' r' + \alpha'' r''.$$

Ce système sera donc conjugué, puisque toutes les substitutions qu'on en dérive ont la forme caractéristique du système. Il contiendra autant de fois $\mu^p . 1 . 2 \ldots p$ substitutions distinctes qu'il a de valeurs différentes de l'expression m^r mod μ. Or si l'on appelle π le nombre des entiers moindres que μ et premiers avec lui, on sait qu'en choisissant convenablement m, le nombre de ces valeurs différentes pourra être l'un quelconque des diviseurs de π. Donc :

Théorème. Si $n = \mu p$, il existe des fonctions de n lettres ayant $\theta \mu^p . 1 . 2 \ldots p$ valeurs distinctes, θ étant l'un quelconque des diviseurs du nombre π des entiers premiers à μ et moindres que lui.

Les cas où $m = 1$ mérite une attention spéciale. Alors $\theta = 1$. L'ordre du système conjugué formé par les substitutions B échangeables à A est donc $\mu^p . 1 . 2 \ldots p$.

CHAPITRE III.

THÉORÈMES GÉNÉRAUX.

Un système conjugué de substitutions est transitif, lorsque, en appliquant successivement toutes ces substitutions, on parvient à faire passer une des lettres à toutes les places. Il est évident que dans ce cas on pourra, par une substitution convenablement choisie dans le système, amener une lettre arbitraire à la place que l'on voudra.

Cette définition, due à M. Cauchy, est fort importante. Elle se retrouve dans l'application aux équations de la théorie des substitutions. Il est facile de voir, en effet, que la condition nécessaire et suffisante pour qu'une équation soit irréductible, est que le système conjugué qui lui correspond, et que Galois nomme son *groupe*, soit transitif.

Si l'on peut amener simultanément deux, trois lettres arbitraires à deux, trois . . . places prises à volonté, le système sera deux, trois . . . fois transitif.

Une fonction caractérisée par la condition de n'être pas altérée par un système de substitutions transitif, est dite *transitive*.

Si un système contenant N lettres n'est pas transitif, soient

$$a_1 a_2 \ldots a_m, \quad b_1 \ldots b_m, \quad c_1 \ldots$$

les lettres qui le composent. La lettre a_1 qui ne peut être amenée à toutes les places, pourra en occuper un certain nombre, par exemple celles qu'occupent actuellement $a_2 \ldots a_m$. Réciproquement, a_2 pourra être amené à la place de a_1, et, par suite, à toutes les places $a_1 a_2 \ldots a_m$. Le système sera dit *transitif* relativement à ces lettres. Si b_1 est une lettre que a_1 ne puisse remplacer, il y aura un autre groupe de lettres $b_1 \ldots b_n$, dont chacune pourra succéder à toutes les autres, etc.

Dans ce cas, il est évident que le nombre total des substitutions du système s'obtiendra en faisant le produit du nombre d'arrangements différents des lettres a entre elles que l'on peut obtenir, par le nombre des substitutions qui ne déplacent que les lettres b, c, etc., sans déranger les lettres a.

Le premier de ces nombres est l'ordre d'un certain système conjugué transitif de m lettres; le second, l'ordre d'un système conjugué de $(N-m)$ lettres.

Réciproquement, en considérant le cas particulier où les substitutions qui déplacent les lettres a sont tout à fait indépendantes de celles qui déplacent les autres lettres, on voit que le produit de l'ordre d'un système conjugué transitif quelconque de m lettres, multiplié par l'ordre d'un système conjugué quelconque de $N-m$ lettres, est susceptible de représenter l'ordre d'un certain système intransitif de N lettres.

On a donc le théorème suivant :

Théorème I. Le problème de déterminer les ordres de tous les systèmes conjugués possibles se réduit au cas où les systèmes sont transitifs.

Soit donc un système transitif T, dont les substitutions sont P, Q, R, S.... Soit P l'une d'elles, arbitraire. Je forme les substitutions

$$P,\ QPQ^{-1},\ RPR^{-1},\ SPS^{-1},\ldots,$$

toutes semblables à P, et je considère le système conjugué Σ qui en dérive. Dans toutes les substitutions de ce système la somme des exposants de chacune des lettres Q, R, S,..., est nulle. Ce système ne contiendra donc en général qu'une fraction des substitutions du système primitif T. Deux cas pourront alors se présenter: 1° ou bien ce nouveau système Σ sera lui-même transitif, quelle que soit la substitution P prise comme point de départ; 2° ou bien, ce qui est le cas le plus général, il ne sera plus transitif. C'est ce cas que je vais examiner.

Soient $a_1 a_2 \ldots a_m$ les lettres que a_1 peut remplacer en effectuant les substitutions du système Σ; b_1 une de celles que a_1 ne peut pas remplacer par ces substitutions. Il existera dans le système transitif T une substitution Q où a_1 remplace b_1. Soient $b_2 \ldots b_m$ les lettres que remplacent respectivement $a_2 \ldots a_m$, dans cette substitution Q. Les substitutions Σ étant respectivement

$$P,\ QPQ^{-1},\ RPR^{-1},\ SPS^{-1},\ldots,$$

formons les substitutions Σ' suivantes

$$Q(P)Q^{-1},\ Q(QPQ^{-1})Q^{-1},\ Q(RPR^{-1})Q^{-1}.$$

On sait qu'elles s'obtiendront en substituant à chaque lettre celle qui la précède dans Q. Donc, dans le système Σ', les lettres $b_1\, b_2 \ldots b_m$ qui auront succédé aux a pourront se remplacer mutuellement, et ne pourront remplacer aucune autre lettre.

Mais il est évident que le système Σ', par sa loi même de formation, n'est autre que le système Σ écrit dans un autre ordre. Donc b_1 pourra par les substitutions Σ remplacer $b_1 b_2 \ldots b_m$ seulement. De même si c_1 est une autre lettre, elle sera la tête d'un troisième groupe de lettres $c_1 \ldots c_m$ que les substitutions Σ lui permettront de remplacer. D'ailleurs deux de ces groupes ne pourront avoir aucune lettre commune. En effet, supposons, par exemple, que $b_2 = a_2$. Les substitutions Σ permettent d'amener a à la place de $a_2 = b_2$. Mais ces mêmes substitutions permettent de remplacer b_1 par b_2; elles permettraient donc de remplacer b_1 par a_1, ce qui est contre l'hypothèse.

Les lettres se diviseront ainsi en groupes de m lettres chacun: relativement aux lettres de chaque groupe, le système Σ est transitif; on voit de plus que dans toute substitution où une lettre a_1 est précédée d'une lettre b_1 d'un autre groupe, toutes les lettres du groupe a doivent être précédées de celles du groupe b; car les substitutions Σ doivent permettre d'amener b_1 à la place de toutes les lettres qui précèdent les a, et l'on sait d'un autre côté qu'elles ne permettent de l'amener qu'à la place des lettres $b_1 \ldots b_m$.

Comme cas particulier, si dans une substitution de T une lettre a_1 remplace une lettre a_2 du même groupe, toutes les lettres du groupe se remplacent entre elles.

On peut conclure de tout cela le théorème fondamental suivant :

Théorème II. Soit un système transitif T, formé des substitutions P, Q, R, S....

Soit Σ le système dérivé des substitutions P, QPQ^{-1}, RPR^{-1}.

Si Σ est intransitif, et que par les substitutions de ce système la lettre a_1 ne puisse remplacer que les lettres $a_1 a_2 \ldots a_m$, toutes les lettres se diviseront en groupes d'un égal nombre de lettres

$$a_1 a_2 \ldots a_m,$$
$$b_1 b_2 \ldots b_m,$$
$$\ldots\ldots\ldots$$

jouissant des propriétés suivantes :

1°. Les substitutions Σ amènent chaque lettre aux diverses places occupées actuellement par celles du même groupe.

2°. Dans toute substitution T, si une lettre a_1 en remplace une autre du même groupe, toutes les lettres de ce groupe se remplacent entre elles : si a_1 remplace une lettre b_1 d'un autre groupe, toutes les lettres du groupe a succèdent à celles du groupe b.

Donc toute substitution T pourra s'obtenir en combinant deux sortes d'opérations : 1° des permutations d'ensemble entre les groupes, considérés chacun comme d'une seule pièce ; 2° des permutations intérieures à chaque groupe, entre les lettres qui le composent.

Parmi ces diverses décompositions possibles des lettres en groupes jouissant de la propriété 2°, je choisis l'une de celles où le nombre des lettres de chaque groupe est minimum.

Ou bien, dans toute substitution du système, quelques-uns des groupes seront déplacés : en ce cas, le nombre des substitutions distinctes sera le même que si chaque groupe était composé d'une lettre unique, et que le système ne contînt que $\frac{N}{m}$ lettres. Le problème est donc réduit.

Ou bien il existera deux espèces de substitutions bien distinctes : 1° celles où quelques groupes se permuteront entre eux ; 2° celles où, tous les groupes restant immobiles, les déplacements des lettres s'effectuent exclusivement dans leur intérieur.

En ce cas, le nombre des substitutions distinctes du système est évidemment égal au produit du nombre des positions différentes qu'on peut donner aux groupes, par le nombre des substitutions de seconde espèce. Mais ce dernier nombre n'est pas facile à évaluer généralement ; ces substitutions doivent donc être étudiées de plus près.

Soient p, q, r les substitutions de seconde espèce, considérées seules Si l'on prend l'une d'elles p, et qu'on forme les substitutions

$$p, \ \mathrm{P}\,p\,\mathrm{P}^{-1}, \ \mathrm{Q}\,q\,\mathrm{Q}^{-1}, \ldots,$$

et le système dérivé Σ qui en découle, on remarquera : 1° que toutes ces substitutions sont de seconde espèce; 2° que le système Σ devra être transitif relativement aux lettres d'un même groupe; sinon, on pourrait former des groupes contenant moins de lettres que les proposés.

Je forme maintenant le système σ, dérivé des seules substitutions

$$p,\ qpq^{-1},\ rqr^{-1}\ldots.$$

Ce nouveau système ne renfermera qu'une partie des substitutions Σ. Il se peut qu'il cesse d'être transitif relativement à toutes les lettres d'un même groupe. Alors les lettres d'un même groupe pourront se décomposer en sous-groupes du même nombre de lettres, et tels :

1°. Que le système σ soit transitif relativement aux lettres d'un même sous-groupe;

2°. Que dans toute substitution du système $p, q, r, \ldots$, si une lettre a_1 remplace une lettre a'_1, toutes les lettres du sous-groupe dont a_1 fait partie remplacent celles du sous-groupe de a'.

La démonstration est identique à celle du théorème fondamental.

Lemme I. Si, en prenant successivement pour point de départ plusieurs substitutions p, q, on arrive à plusieurs décompositions diverses des lettres en sous-groupes satisfaisant aux conditions précédemment énoncées, qu'un certain nombre de lettres $a_1 \ldots a_\mu$ se trouvent faire partie d'un même sous-groupe dans chacune de ces décompositions, on pourra en déduire une décomposition nouvelle en sous-groupes dont l'un sera $a_1 \ldots a_\mu$.

La démonstration est encore celle du théorème fondamental : je la reprends pourtant brièvement.

Les lettres $a_1 \ldots a_\mu$, jouissent exclusivement de la propriété de pouvoir remplacer a_1, à la fois par des substitutions du système A dérivé de

$$p,\ qpq^{-1},\ rqr^{-1}\ldots,$$

et par des substitutions du système B, dérivé de

$$q,\ pqp^{-1},\ rqr^{-1}\ldots.$$

Soit b_1 une lettre qui ne soit pas du nombre des $a_1 \ldots a_\mu$; soit s une substitution qui amène a_1 à la place de b_1, et en même temps $a_2 \ldots a_\mu$ à la place de $b_2 \ldots b_\mu$.

Je forme les systèmes

$$\text{A}' \text{ dérivé de } sps^{-1},\ s(qpq^{-1})s^{-1},\ldots,$$
$$\text{B}' \text{ dérivé de } sqs^{-1},\ s(pqp^{-1})s^{-1},\ldots$$

Dans ces systèmes, $b_1 \ldots b_\mu$ joueront le rôle que jouaient dans A et B les $a_1 \ldots a_\mu$, et auront de même exclusivement la propriété de succéder à b_1 à la fois par des substitutions A′ et par des substitutions B′.

Mais il se trouve que les systèmes A′, B′ se confondent avec les systèmes A, B : donc les lettres du groupe se décomposent toutes en sous-groupes

$$a_1 \ldots a_m,\quad b_1 \ldots b_m,\quad c_1 \ldots c_m,$$

jouissant de cette propriété que les lettres de chaque sous-groupe soient les seules qui puissent remplacer l'une d'elles à la fois par les substitutions A et par les substitutions B : alors il est aisé de voir que deux de ces sous-groupes ne sauraient avoir de lettre commune, et que si deux lettres de deux sous-groupes se suivent dans une des substitutions p, q, r, s .., toutes les lettres de l'un des sous-groupes suivront celles de l'autre.

Lemme II. J'admets qu'en partant de la substitution p on ait trouvé une décomposition en sous-groupes

$$(a_1 \ldots a_m),\quad (b_1 \ldots b_m),\quad (c_1 \ldots c_m) \ldots (k_1 \ldots k_m),$$

puisque, partant d'une autre substitution q, on obtienne une autre décomposition, où l'un des sous-groupes soit $a_1 b_1 c_1 \ldots k_1$.

Les sous-groupes commençant par $a_2 \ldots a_m$ dans cette décomposition renfermeront chacun une des lettres b, une des lettres $c, \ldots,$ une des lettres k.

En effet, la lettre a_1 peut succéder en vertu des substitutions dérivées de

$$q,\ pqp^{-1},\ rqr^{-1},\ldots,$$

à $b_1 c_1 \ldots k_1$. Mais lorsque a_1 succède à b_1, a_2 succède à l'une des lettres b. Donc les lettres auxquelles a_2 peut succéder en vertu de ces substitutions, contiennent une lettre b. De même, elles contiennent une lettre c, etc.

Lemme III. L'hypothèse est la même que dans le lemme II. On peut obtenir une décomposition nouvelle en sous-groupes, dont l'un soit formé de l'ensemble des lettres

$$(a_1 \ldots a_m b_1 \ldots b_m \ldots k_1 \ldots k_m).$$

En effet, ces lettres jouissent exclusivement de la propriété de pouvoir succéder à l'une d'elles a_1 par les substitutions dérivées de l'ensemble de celles-ci :

$$\left| \begin{matrix} p & qpq^{-1} & rpr^{-1}\ldots \\ q & pqp^{-1} & rqr^{-1}\ldots \end{matrix} \right|,$$

et si A est une lettre différente de celles-là, on pourra appliquer exactement le même mode de démonstration que tout à l'heure, pour établir que A sera la tête d'un sous-groupe de lettres jouissant d'une propriété analogue; puis on verra que ce nouveau sous-groupe ne peut avoir aucune lettre commune avec le premier, etc.

Remarque. La démonstration de ces deux derniers lemmes ne suppose aucunement que les lettres $b_1\ldots k_1$, auxquelles a_1 peut succéder en vertu du système

$$q \quad pqp^{-1} \quad rqr^{-1},$$

soient toutes, ou en partie, différentes des lettres $a_1\ldots a_m$.

Lemme IV. Mais il résulte du lemme II que si elles font toutes partie de la série $a_1\ldots a_m$, il en sera de même des lettres auxquelles a_2, $a_3\ldots$ pourront succéder.

Théorème III. Je suppose, comme précédemment, que j'aie choisi l'un des groupes qui contiennent le nombre de lettres minimum.

Je prends successivement toutes les substitutions de seconde espèce, p, q, $r_1,\ldots$, pour point de départ d'une division en sous-groupes.

Je déduis, si cela est possible, du lemme I, des sous-groupes ne contenant qu'une partie des lettres des précédents. Et parmi toutes les décompositions en sous-groupes ainsi obtenues, je prends l'une de celles où les sous-groupes contiennent un nombre de lettres minimum.

Le nombre des lettres du groupe sera une puissance exacte du nombre des lettres de ce sous-groupe.

Démonstration. Soient

$$\left| \begin{matrix} (a\ldots a_{m-1}) \\ (a'\ldots a'_{m-1}) \\ \ldots\ \ldots\ldots \\ (b\ldots b_{m-1}) \\ \ldots\ \ldots\ldots \end{matrix} \right|,$$

les divers sous-groupes de la décomposition considérée.

Dans les substitutions de seconde espèce, les lettres d'un sous-groupe seront toujours suivies par les lettres d'un sous-groupe. Parmi les substitutions de première espèce, il doit s'en trouver au moins une P pour laquelle cette condition ne soit pas satisfaite, à moins que les lettres du groupe ne forment un seul sous-groupe.

Soient donc $a\,a_1 \ldots a_{m-1}$ les lettres d'un sous-groupe, qui seront précédées dans P par des lettres de sous-groupes différents : en formant le système

$$PpP^{-1},\ PqP^{-1}\ldots$$

qui se trouve être identique au système

$$p,\ q,\ r,\ldots;$$

on voit que ce système admettra une nouvelle décomposition en sous-groupes de m lettres chacun, et autrement composés que les précédents; car les lettres qui sont suivies dans P par les $a\,a_1 \ldots a_{m-1}$, forment un de ces nouveaux sous-groupes.

Je considère dans cette seconde décomposition le sous-groupe dont a fait partie. Toutes les lettres de ce sous-groupe appartiennent à des sous-groupes différents de la première décomposition : car 1° si ce sous-groupe était identique à l'un des anciens sous-groupes, il en serait de même de tous les autres; 2° et si une partie seulement de ses lettres appartenaient à un sous-groupe de l'ancienne décomposition, le lemme I permettrait de déduire de leur comparaison une troisième décomposition, où les sous-groupes contiendraient moins de lettres, ce qui est contre l'hypothèse.

Soient donc $a\,a' \ldots a^{m-1}$ les lettres de ce nouveau sous-groupe,

$$(a\,a_1 \ldots a_{m-1}),\quad (a'a'_1 \ldots a'_{m-1}) \ldots \left(a^{m-1} \ldots a^{m-1}_{m-1}\right)$$

les anciens sous-groupes qui contiennent ces lettres. On pourra (lemme III), effectuer une décomposition D en sous-groupes de m^2 lettres, dont l'un sera

$$\left| \, a \ldots a_{m-1}\, a' \ldots a^{m-1}_{m-1} \, \right|.$$

Ou bien le groupe sera épuisé par ces m^2 lettres, ou bien il existera une substitution P telle, que les lettres de l'un de ces sous-groupes de m^2 lettres soient précédées de lettres appartenant à des sous-groupes différents; dans ce cas, il y aura une décomposition D' en sous-groupes de m^2 lettres, différente de la précédente, et qui, comme celle-ci, résultera de la combinaison de deux décompositions en sous-groupes de m lettres.

Parmi ces deux nouvelles décompositions, l'une au moins sera telle, que les lettres qui sont dans le même sous-groupe que a appartiendront toutes à des sous-groupes différents de la décomposition D. Et d'abord, si une partie seulement de ces lettres appartenaient à un même sous-groupe de D, le lemme I permettrait d'en déduire une décomposition en sous-groupes de moins de m lettres.

Il faudrait donc admettre que les lettres qui, dans chacune de ces deux décompositions nouvelles, sont dans le même sous-groupe que a, fissent partie des lettres $\left(a \ldots a_{m-1} \ldots a^{m-1}_{m-1}\right)$. Mais alors (lemme IV), dans chacune de ces deux décompositions, chaque sous-groupe où entre l'une des lettres $\left(a \ldots a_{m-1} \ldots a^{m-1}_{m-1}\right)$ en est exclusivement formé. La combinaison des deux décompositions nouvelles donnera donc un sous-groupe de m^2 lettres identique à $\left(a \ldots a^{m-1}_{m-1}\right)$, sauf l'ordre des lettres qui sera peut-être changé, ce qui n'a pas d'importance. De l'identité de ce nouveau groupe à l'un des anciens, on conclurait l'identité de tous les nouveaux groupes aux anciens, ce qui est contre l'hypothèse.

Il est donc démontré qu'il existe une décomposition en sous-groupes de m lettres où a se trouve avec des lettres nouvelles, appartenant toutes à des sous-groupes différents de D. Combinant cette nouvelle décomposition avec D, d'après le lemme III, on a une décomposition Δ en sous-groupes de m^3 lettres.

Si ces m^3 lettres n'épuisent pas le groupe total, on raisonnera identiquement de même pour s'élever à la puissance m^4....

Le théorème est donc démontré. On peut, en choisissant une notation convenable, le représenter très-nettement. Soit m le nombre des lettres du sous-groupe, $n = m^p$ le nombre des lettres du groupe. Pour les distinguer les unes des autres, on les représentera par une lettre a affectée de p indices, qui varieront chacun de o à $m - 1$. En choisissant convenablement les indices correspondants aux diverses lettres, on pourra donner au théorème l'énoncé suivant :

Soit $a_{x,y,z\ldots}$ le symbole général des lettres du groupe. On pourra le décomposer de p manières en sous-groupes de m lettres, tels, que les lettres d'un même sous-groupe s'obtiennent en attribuant à $p - 1$ indices des valeurs déterminées et faisant varier le $p^{\text{ième}}$, et qu'on passe d'un sous-groupe à un autre en faisant varier les $(p - 1)$ indices qu'on avait jusque-là laissés fixes.

En combinant entre elles ces p décompositions, on a ce résultat plus général : fixons par la pensée un certain nombre d'indices, $z,\ldots$, puis faisons varier les autres de toutes les manières possibles ; on aura un faisceau de lettres. Faisons maintenant varier ces indices d'abord fixes $z,\ldots$, on aura une série de faisceaux. Il existe une décomposition des substitutions de seconde espèce dont ces faisceaux soient précisément les sous-groupes.

Il peut se faire qu'en dehors des décompositions précédentes il en existe d'autres. Ce cas doit être prévu et discuté.

Dans cette nouvelle décomposition, je considère un nouveau sous-groupe en particulier. Il aura au moins deux lettres communes avec le groupe entier dans tous les cas, et peut-être avec quelques-uns des anciens sous-groupes. Parmi ces derniers, je considère un de ceux qui renferment le moins de lettres. Il sera, par exemple, $a_{\alpha_0,\beta_0,x,y,z}$, α_0, β_0 étant les indices constants, x, y, z variables. Il existe (lemme I) une décomposition δ, dont un sous-groupe renferme exclusivement les lettres communes à cet ancien sous-groupe et au nouveau. Donc le nombre des lettres communes doit être au moins égal à m, qui est par hypothèse le minimum du nombre de lettres qu'un sous-groupe puisse renfermer. D'ailleurs, s'il y avait plus de m lettres communes, il y en aurait au moins deux pour lesquelles x prendrait une même valeur x_0 : le nouveau sous-groupe aurait donc deux lettres communes au moins avec le sous-groupe $a_{\alpha_0,\beta_0,x_0,y,z}$ où les indices y, z sont seuls variables, et qui contient par suite moins de lettres que le précédent ; cela est contraire à l'hypothèse.

Il y a donc exactement m lettres communes, représentées par les symboles

$$A\left|\begin{array}{l} a_{\alpha_0,\beta_0,x_0,y_0,z_0} \\ a_{\alpha_0,\beta_0,x_1,y_1,z_1} \\ \ldots\ldots \end{array}\right|,$$

où les x_0, x_1, x_2 sont assujettis à être tous différents les uns des autres ; de même pour les $y_0, y_1, \ldots$, les $z_0, z_1 \ldots$

Soit $a_{\alpha_0,\beta_0,x',y',z'}$ une lettre de l'ancien sous-groupe qui ne fasse pas partie du faisceau A des lettres communes. La substitution qui l'amène à la place de $a_{\alpha_0,\beta_0,x_0,y_0,z_0}$ remplacera le faisceau A par un nouveau faisceau A', dont toutes les lettres appartiendront à l'ancien sous-groupe $a_{\alpha_0,\beta_0,xyz}$

$$A'\left|\begin{array}{l} a_{\alpha_0,\beta_0,x'_0,y'_0,z'_0} \\ a_{\alpha_0,\beta_0,x'_1,y'_1,z'_1} \\ \ldots\ldots \end{array}\right|.$$

De plus, tous les indices x'_0, x'_1, x'_2 seront différents les uns des autres; car s'ils ne l'étaient pas, que $x'_0 = x'_1$, par exemple, on aurait $x_0 = x_1$. De même les $y'_0, y'_1 \ldots$ seront tous différents les uns des autres, etc.

Mais il existe une décomposition δ dont A est un sous-groupe : A' en sera donc un autre; d'où l'on arrive à conclure que cette substitution δ divisera le sous-groupe $a_{\alpha,\beta,x,y,z}$ en sous-groupes moindres A, A', A'' jouissant de la propriété suivante : Deux lettres appartenant à un même sous-groupe A'' différeront nécessairement par tous les indices variables x, y, z. En d'autres termes, elles ne peuvent faire partie d'un ancien sous-groupe contenant moins de lettres que le sous-groupe $a_{\alpha_1,\beta_1,x,y,z}$.

Si l'on considère un autre sous-groupe $a_{\alpha,\beta,xyz}$ et la substitution qui le met à la place du sous-groupe $a_{\alpha,\beta,x,y,z}$ on verra de même que la décomposition δ le divisera en sous-groupes A_1, A'_1, $A''_1 \ldots$ jouissant de la même propriété.

Je vais maintenant démontrer le théorème suivant :

Théorème IV. Le nombre des lettres du nouveau sous-groupe est nécessairement une puissance de m.

Soit μ le nombre d'indices variables dans l'ancien sous-groupe $a_{\alpha,\beta,x,y,z}$, le moins considérable parmi ceux qui ont m lettres communes avec le nouveau sous-groupe.

1°. Tous les sous-groupes formés par la variation de μ indices seulement ont 1 ou m lettres communes avec le nouveau sous-groupe.

2°. S'il y a m lettres communes, chacun des indices, z par exemple, y prendra une fois chacune des m valeurs $0, 1, \ldots, m-1$.

Je vais établir que, lorsque pour un nombre μ' d'indices variables les conditions plus générales suivantes sont toujours remplies, elles le seront toujours pour un nombre d'indices variables $\mu' + 1$.

1°. Tous les sous-groupes à μ' indices variables auront 1 ou m^{ν} lettres communes avec le nouveau sous-groupe.

2°. Chacun des indices qui varient dans les lettres communes prendra chacune des m valeurs $0, 1, \ldots, (m-1)$.

Soit, en effet, un groupe à μ' indices variables $a_{\alpha,\beta,\nu,xyz}$: deux cas peuvent se présenter :

1°. Ce sous-groupe a m^{ν} lettres communes avec le nouveau;

2°. Il en a une seulement, qui sera $a_{\alpha,\beta,\nu,x,y,z}$.

Ier *Cas.* Je fais varier un indice de plus, ν par exemple : deux cas se présentent encore.

Le nombre des lettres communes n'a pas augmenté : dans ces lettres communes, l'indice ν n'a qu'une valeur ν_0 ; et ceux qui ont plusieurs valeurs prennent par hypothèse toutes celles de la série o, 1, ..., $(m-1)$. Les conditions sont encore satisfaites.

Ou bien il y a une lettre commune de plus : soit $a_{\alpha,\beta,\nu,s,\gamma,\delta,}$ cette lettre. En choisissant l'indice s parmi ceux qui variaient dans les diverses lettres communes lorsque ν était encore à sa valeur initiale ν_0, on aura une autre lettre commune où $\nu = \nu_0$, $s = s_1$. Soit cette lettre $a_{\alpha,\beta,\nu,s,\gamma,\delta,}$.

Le sous-groupe $a_{\alpha,\beta,\nu x y s_1}$, où l'on donne à s la valeur fixe s_1, a μ' indices variables, ν, x, y ; donc, par hypothèse, l'indice ν, qui prend les deux valeurs ν_0 et ν_1 dans les lettres communes à ce sous-groupe et au nouveau, y prendra toutes les valeurs o, 1, ..., $(m-1)$: à fortiori cela aura lieu pour le sous-groupe $a_{\alpha,\beta,\nu x y s}$, à $\mu'+1$ indices variables, qui contient toutes les lettres de celui-ci.

Or, s'il y a m^ν lettres communes dans lesquelles l'indice ν conserve sa valeur initiale ν_0, il y en aura m^ν dans lesquelles il prendra sa valeur ν_1, ... Soit en tout $m^{\nu+1}$.

Je considère en effet la substitution p qui fait succéder $a_{\alpha,\beta,\nu,s,\gamma,\delta,}$ à $a_{\alpha,\beta,\nu,s,\gamma,\delta_1}$. A chacune des m^ν lettres où $\nu = \nu_0$, elle fera succéder des lettres où $\nu = \nu_1$. Mais cette substitution remplaçant une des lettres communes par une autre, et ces lettres formant un sous-groupe, elles se remplaceront toutes les unes les autres. Donc les m^ν lettres où $\nu = \nu_1$ sont également des lettres communes.

(Il pourrait arriver qu'il y eût des indices, tels que x, qui conservassent la même valeur x_0 dans toutes les lettres communes au nouveau sous-groupe et à celui-ci $a_{\alpha,\beta,\nu,x y s}$, et qui, au contraire, prennent plusieurs valeurs x_0, x_1, ... dans les lettres communes au nouveau sous-groupe et à celui-ci $a_{\alpha,\beta,\nu x y s}$; on démontre que x prend en ce cas toute la série des valeurs o, 1, ..., $(m-1)$, exactement comme pour ν. Le théorème est donc entièrement démontré dans ce cas-là.)

IIe Cas. La démonstration est alors fort simple :

Si la variation de l'indice ν_0 fait qu'il y a plusieurs lettres communes au lieu d'une, il y en aura m au moins : mais il n'y en aura pas davantage, sans quoi il y en aurait plusieurs pour une même valeur ν_0. En outre, ν doit prendre toutes les valeurs o, 1, ..., $(m-1)$, qui ne sont qu'au nombre de m.

Si x est un autre indice, qui varie de l'une à l'autre de ces m lettres communes, il prendra m valeurs $0, 1, \ldots, (m-1)$; car, sans cela, à une même valeur x_0 correspondraient des lettres communes au sous-groupe $a_{\alpha_0,\beta_0,\ldots,x_0,y_0}$ et au nouveau sous-groupe, dont le nombre serait > 1 et $< m$, ce qui n'est pas admissible.

En faisant varier à chaque fois un indice de plus, on s'élèvera finalement jusqu'au groupe total, en conservant toujours les deux propriétés fondamentales. Mais alors toutes les lettres du nouveau sous-groupe sont communes : leur nombre est donc une puissance exacte de $m = m^q$.

Théorème V. Ce nouveau sous-groupe pourra être décomposé en sous-groupes de m lettres de q manières différentes.

Je considère le groupe entier, en donnant à ses lettres leur notation. On pourra les représenter toutes par le symbole

$$a_{xyz,x'y'z',x''y''z'',\ldots}.$$

Ces lettres contiendront parmi elles les m^q lettres du nouveau sous-groupe. Soit $a_{x,y,z,x',\ldots}$ l'une d'elles. Je suppose que le sous-groupe formé en laissant aux indices variables x, y, z leur valeur actuelle x_0, y_0, z_0 contienne encore les m^q lettres; que si, de plus, on fixe x' à sa valeur initiale x'_0, le sous-groupe ne contienne plus que m^{q-1} de ces lettres; qu'il continue à les contenir tant qu'on ne fixera que $y\ldots$; qu'il n'en contienne plus que m^{q-2} quand on fixera de plus l'indice $x''\ldots$

Si l'on fixe les q indices $x', x'', \ldots, x^q$, le sous-groupe restant ne contiendra plus qu'une des m^q lettres. Si $q-1$ de ces indices restent fixes, le sous-groupe en contiendra évidemment m. Or ces m lettres qu'il contiendra seront différentes lorsque l'indice qui reste variable est différent. En effet, si le sous-groupe obtenu en fixant les indices $x', x'', \ldots, x^{q-1}$ contenait les mêmes m lettres que celui obtenu en fixant les indices $x'', \ldots, x^q$, le sous-groupe obtenu en fixant tous les indices $x', x'', \ldots, x^q$ contiendrait aussi ces m lettres, ce qui est contre l'hypothèse.

Il y a donc q manières différentes de trouver dans le nouveau sous-groupe m lettres communes avec l'un des anciens. Ce résultat étant rapproché du lemme I, le théorème se trouve démontré.

CHAPITRE IV.

FORME GÉNÉRALE DES SUBSTITUTIONS.

Soit n le nombre des groupes, p le nombre des lettres de chacun d'eux, ν le nombre des substitutions de première espèce, π celui des substitutions de deuxième espèce. Si chacune de ces dernières substitutions déplace des lettres dans tous les groupes, leur nombre sera le même que s'il n'y avait qu'un seul groupe. Ce sera donc l'ordre d'un certain système conjugué de p lettres. Mais ν est l'ordre d'un certain système conjugué de n lettres. Donc l'ordre du système proposé sera le produit des ordres de deux systèmes contenant respectivement, l'un p, l'autre n lettres.

D'ailleurs il est bien facile de voir que, réciproquement, d'un système conjugué quelconque de p lettres et d'ordre π, et d'un système de n lettres et d'ordre ν, on peut déduire un système conjugué de pn lettres et d'ordre $\pi\nu$. Pour cela, on divise les pn lettres en n groupes

$$(a_1 a_2 \ldots a_p),\ (b_1 \ldots b_p),\ \ldots,\ (k_1 \ldots k_p).$$

On pourra former avec les p lettres $a_1, a_2, \ldots, a_p$ un système conjugué d'ordre π. Imaginons qu'en même temps qu'on opère sur les a les substitutions de ce système, on en opère de semblables sur les b, sur les c, sur les k. On aura formé un système de substitutions intérieures aux groupes, qui sera d'ordre π, et symétrique par rapport à ces divers groupes. Toute permutation d'ensemble des n groupes les uns dans les autres, non accompagnée de déplacements intérieurs, sera donc échangeable à chaque substitution de ce système. On n'a donc qu'à former, entre ces n groupes, un système de substitutions d'ordre ν. En le combinant avec le précédent, on aura un système d'ordre $\pi\nu$.

Il résulte de là que, dans le cas qui nous occupe, le problème se trouve ramené à deux problèmes semblables, entre un moindre nombre de lettres ; à savoir : déterminer les nombres susceptibles de représenter l'ordre d'un système de substitutions, pour des nombres de lettres respectivement égaux à p et n. Il n'y a donc pas lieu de s'arrêter plus longtemps sur ce cas, où le problème est complétement réduit.

Je passe au second cas, où quelques substitutions de seconde espèce laissent en repos les lettres dans l'intérieur de quelques groupes. Soit μ le nombre des groupes ébranlés intérieurement par une des substitutions qui laissent ainsi le plus de groupes en repos.

Principe. Deux substitutions de seconde espèce telles, que le nombre de groupes qu'elles ébranlent toutes deux soit inférieur à μ, sont échangeables.

En effet, soient A et B ces deux substitutions. Je forme la substitution

$$ABA^{-1}B^{-1}.$$

Soit G un groupe que A ébranle, mais que B n'ébranle pas. La substitution A déplacera les lettres de G. La substitution B sera sans influence. La substitution A^{-1}, effectuée ensuite, ramènera les lettres à leur position primitive. B^{-1} sera sans influence. On verrait de même qu'un groupe qui n'est ébranlé que par B, sans l'être par A, ne le sera pas par $ABA^{-1}B^{-1}$. Cette dernière substitution ne peut donc ébranler que les groupes qui sont ébranlés à la fois par A et B. Mais, par hypothèse, ces groupes communs sont en nombre inférieur à μ : aucune substitution n'ébranle moins de μ groupes; donc $ABA^{-1}B^{-1}$ n'en ébranle aucun.

$$ABA^{-1}B^{-1} = 1, \quad \text{ou} \quad AB = BA.$$

On peut remarquer comme cas particulier que deux substitutions qui n'ébranlent chacune que μ groupes sont nécessairement échangeables, à moins que ces μ groupes ne soient identiquement les mêmes dans toutes deux.

Cela posé, soit S le système de toutes les substitutions qui ébranlent certains groupes donnés, G, G′, ..., G″, en laissant les autres en repos. Soit Σ le système conjugué qu'on obtient en combinant toutes les substitutions (de seconde espèce) telles, que parmi les groupes qu'elles ébranlent il y en ait moins de μ qui fassent partie de la série G, G′, ..., G″. Chaque substitution de Σ sera, d'après ce qui précède, échangeable à chaque substitution de S.

Ier Cas particulier. Ici plusieurs cas sont à distinguer; le premier correspond à l'hypothèse suivante : Soit a une lettre donnée, a', a'', ... les lettres qu'elle remplace lorsqu'on effectue les substitutions du système S. Aucune substitution du système Σ ne pourra amener a à la place d'aucune des lettres a', a'', ...; et cela de quelque manière qu'on choisisse la lettre a et le système S.

Je prends en particulier pour S le système des substitutions qui ébranlent μ groupes donnés, à l'exclusion de tous les autres. Σ contiendra toutes les substitutions qui ébranlent seulement μ groupes non identiques au groupe donné. Soient $a_{1,1,1}, a_{2,1,1}, \ldots, a_{k,1,1}$ les lettres auxquelles la lettre $a_{1,1,1}$ peut succéder en vertu des substitutions S. Si $p, q, r \ldots$ sont les substitutions de seconde espèce, σ une substitution quelconque de S, toute substitution telle que $p\sigma p^{-1}$, $q\sigma q^{-1}$, ... fait encore partie du système S; car $p\sigma p^{-1}$ est une substitution analogue à σ, opérée entre les lettres à qui succèdent dans p les lettres de σ; p étant une substitution de seconde espèce, ces nouvelles lettres appartiennent aux mêmes groupes que les premières. Donc $p\sigma p^{-1}$ ébranle les mêmes groupes que σ : donc c'est une substitution du système S.

De là résulte, dans le cas où les lettres $a_{1,1,1}, \ldots, a_{k,1,1}$ ne forment qu'une partie de celles du groupe, une décomposition du groupe en sous-groupes, dont $a_{1,1,1}, \ldots, a_{k,1,1}$ sera l'un. Ces sous-groupes auront tous le même nombre de lettres; et toute substitution de seconde espèce s'obtiendra en combinant des déplacements d'ensemble des sous-groupes avec des déplacements intérieurs. De plus, les substitutions S seront uniquement intérieures aux sous-groupes dans lesquels le groupe se décompose, et elles permettront d'échanger entre elles toutes les lettres d'un même sous-groupe.

Puisque toutes les lettres du groupe ne sont pas dans le sous-groupe, il existe au moins une substitution de première espèce P qui fait succéder les lettres d'un même sous-groupe à des lettres de sous-groupes différents; soient, par exemple, $a_{1,1,1}, a_{1,2,1}, \ldots, a_{1,k,1}$ ces dernières. La substitution P fait succéder les μ groupes qu'ébranle le système S à μ autres groupes. Je forme toutes les substitutions $P\sigma P^{-1}$ où σ représente successivement toutes les substitutions de S. L'ensemble de ces substitutions $P\sigma P^{-1}$ forme un système S', analogue au système S. Toutes ses substitutions ébranlent μ mêmes groupes, et les lettres $a_{1,1,1}, \ldots, a_{1,k,1}$ y joueront un rôle analogue à celui des $a_{1,1,1}, \ldots, a_{k,1,1}$ dans S. Il existera donc une nouvelle décomposition en sous-groupes analogue à la première, et dont les $a_{1,1,1}, \ldots, a_{1,k,1}$ formeront un sous-groupe.

Mais le système S' diffère du système S, sans quoi les lettres $(a_{1,1,1}, \ldots, a_{1,k,1})$ se confondraient avec les $(a_{1,1,1}, \ldots, a_{1,k,1})$: les substitutions de ces deux systèmes sont échangeables, d'après ce qui précède; donc, en vertu de l'hypothèse que j'ai prise pour point de départ, les lettres $a_{2,1,1}, \ldots, a_{k,1,1}$ que $a_{1,1,1}$ peut remplacer en vertu des substitutions S, sont toutes différentes des lettres $a_{1,2,1}, \ldots, a_{1,k,1}$, qu'il remplace par les substitutions S'.

Les deux systèmes S et S′ combinés donneront une décomposition en sous-groupes de k^2 lettres, dont l'un sera $(a_{1,1,1}, \ldots, a_{k,1,1}, \ldots, a_{k,k,1})$; cela se voit par le lemme III du chapitre precédent.

Si ces k^2 lettres n'épuisent pas le groupe, on procédera comme pour la démonstration du théorème III du chapitre précédent : l'hypothèse qui sert ici de point de départ remplace la condition que k soit le minimum du nombre des lettres d'un sous-groupe, et à laquelle était due la démonstration : on arrivera donc à ce théorème, analogue à celui de l'endroit cité :

Théorème. Le nombre des lettres du groupe est une puissance de $k = k^n$.

Ce théorème sera d'ailleurs susceptible des divers énoncés plus longs et plus complets donnés pour le théorème III.

Il existera α systèmes parmi ceux qui n'ébranlent que μ groupes, qui permuteront entre elles les lettres $(a_{1,1,1}, \ldots, a_{k,k,1})$. Soient S, S′, ..., $S^{\alpha-1}$ ces systèmes. Aucun autre système S^{α} ébranlant μ groupes ne pourra déplacer ces lettres; car il est échangeable à toutes les substitutions S, S′, ..., $S^{\alpha-1}$; donc, d'après notre point de départ, il ne peut amener $a_{1,1,1}$ à la place d'aucune des lettres $a_{x,y,1}$. Mais ces lettres comprennent toutes celles du groupe : donc S^{α} doit laisser $a_{1,1,1}$ immobile.

Les groupes qui contiennent les lettres b, les lettres c,... se comportent comme celui des lettres a. D'où résulte que chacun de ces groupes est ébranlé par α systèmes parmi ceux qui ébranlent μ groupes. Si n est le nombre des groupes, et N la nombre des systèmes S, on aura l'égalité

$$n\alpha = N\mu;$$

μ divise donc $n\alpha$.

On doit encore remarquer que si l'on combine ensemble les systèmes S′, S″... $S^{\alpha-1}$, etc., on obtiendra (chap. III, lemme III) une décomposition en k sous-groupes de $k^{\alpha-1}$ lettres, qui seront respectivement

$$(a_{1,x,y}\ldots), (a_{2,x,y}\ldots)\ldots(a_{k,x,y}\ldots)$$

les lettres x, y... prenant dans chacun des groupes chacune la série complète des valeurs 1, 2... k.

Donc, dans toute substitution du système S, où $a_{1,\alpha,\beta}$, par exemple, succédera à $a_{2,\alpha,\beta}$, chaque lettre $a_{1,\alpha',\beta'}$ du sous-groupe $a_{1,x,y}$ succédera à une lettre du sous-groupe $a_{2,x,y}$. Mais d'ailleurs le système S ne peut la faire succéder qu'à une lettre du sous-groupe $a_{s,\alpha',\beta'}\ldots$ Ces deux conditions réunies exigent qu'elle succède à $a_{2,\alpha',\beta'}\ldots$

Théorème. Ainsi les substitutions S ébranlent toujours symétriquement les divers sous-groupes

$$(a_{x,t,1})\ (a_{x,t,2})\ldots(a_{\varpi,\alpha,\beta}).$$

De même les substitutions S' ébranleront symétriquement les divers sous-groupes qu'on obtient en réunissant les lettres qui ne diffèrent que par le second indice, etc. . .

Malgré cette symétrie, la réduction du problème paraît fort difficile à poursuivre dans ce cas particulier. A cet égard, je ne suis encore arrivé avec certitude à aucun résultat bien net. Je vais donc retirer l'hypothèse restrictive que je m'étais posée, afin de passer à la discussion du cas général qui donne lieu à des résultats remarquables.

IIe Cas. Je pars de l'hypothèse contraire à la précédente, à savoir : si S représente l'ensemble des substitutions de seconde espèce qui ébranlent les mêmes groupes donnés G, G', . . . en laissant les autres en repos : si Σ est le système conjugué qu'on obtient en combinant toutes les substitutions telles que, parmi les groupes qu'elles ébranlent, il y en ait moins de μ faisant partie de la série G, G', . . . j'admets qu'on pourra choisir les substitutions S de telle sorte qu'une lettre a puisse succéder à une lettre a', à la fois en vertu des substitutions S, et d'autre part en vertu des substitutions Σ.

Si σ est une substitution quelconque de seconde espèce, toute substitution $\sigma S \sigma^{-1}$ fait elle-même partie du système S. Ce système fournit donc une décomposition en sous-groupes, dont l'un sera formé par les lettres $a, a', \ldots, a^{h}$, auxquelles la lettre a peut succéder en vertu de ses substitutions. Σ fournira de même une nouvelle décomposition, dont un sous-groupe sera formé par les lettres $a\, a_1 \ldots a_k$, que a peut remplacer en vertu des substitutions Σ. Mais par hypothèse, les deux groupes

$$a\, a' \ldots a^{h}$$

$$a\, a_1 \ldots a_k,$$

ont des lettres communes autres que a. Donc il existe (chapitre III, lemme I) une décomposition en sous-groupes, $g, g' \ldots$ dont l'un soit formé de ces lettres communes. Enfin (chapitre III, théorème IV) ce dernier sous-groupe contiendra un nombre de lettres m^{q}, puissance exacte du nombre m des lettres du sous-groupe minimum : et on pourra le décomposer de q manières en m^{q-1} sous-groupes de m lettres seulement (théorème V).

Lemme I. Il est donc démontré qu'il existe une décomposition en sous-groupes de m lettres telle, que les lettres d'un même sous-groupe, $a_1 a_2 \ldots a_m$ puissent se remplacer mutuellement en vertu des substitutions S, et, d'autre part, en vertu des substitutions Σ.

Lemme II. D'un autre côté, on pourra toujours faire en sorte que le système S soit un de ceux qui n'ébranlent que μ groupes. Soient, en effet, $s s' s''$. . . ces derniers systèmes. Admettons pour un instant que pas un d'entre eux ne puisse être pris pour S. De telle sorte que le système σ, dérivé de toutes les substitutions qui laissent en repos quelqu'un des μ groupes de s, par exemple, ne puisse amener a à la place d'une autre lettre a' à laquelle le système s la fasse succéder. Il résulte de la discussion du cas particulier précédent que les lettres du groupe a seront en nombre k^α, et qu'on pourra les distinguer les unes des autres au moyen de α indices variant de 1 à k; que α systèmes $s s'$. . . $s^{\alpha-1}$ ébranleront ce groupe, le premier permutant entre elles les lettres qui ne diffèrent que par le premier indice, le second celles qui diffèrent par le second indice, etc. . .

Cela posé, j'admets, pour fixer les idées, que le sous-groupe représenté par $a_1 a_2 \ldots a_m$ dans l'énoncé du lemme I contienne des lettres

$$a_{\alpha,\beta,\gamma\ldots}, \quad a_{\alpha',\beta',\gamma'\ldots}$$

différant l'une de l'autre par le premier indice au moins. Le système s sera échangeable au système S ou au système Σ. Car s'il n'est pas échangeable à S, c'est que S ébranle les μ groupes de s. Mais toutes les substitutions Σ dérivent de substitutions qui ébranlent moins de μ groupes parmi ceux que S ébranle. Donc toutes ces substitutions dont Σ dérive laisseront en repos quelqu'un des μ groupes de s. Donc Σ sera échangeable à s.

Mais s', s''. . . sont échangeables à s. Donc les substitutions dérivées de la combinaison de ces systèmes avec Σ seront échangeables à celles de s. Or Σ permet d'amener $a_{\alpha,\beta,\gamma}$ à la place de $a_{\alpha',\beta',\gamma'}$; et s', s''. . . combinés ensemble, permettent d'amener $a_{\alpha',\beta',\gamma'}$ à la place de $a_{\alpha',\beta,\gamma}$.

Donc le système échangeable à s, dérivé de la combinaison Σ, s', s'', permettra de remplacer $a_{\alpha,\beta,\gamma}$ par $a_{\alpha',\beta,\gamma}$. Mais ces lettres se succèdent déjà en vertu de s : de sorte que l'hypothèse dont nous venons de partir se condamne elle-même.

J'admettrai donc que S n'ébranle que μ groupes. Soient $a_1, a_2 \dots a_m$ les lettres que a_1 peut remplacer et par les substitutions s et par les substitutions Σ.

Lemme III. Dans toute substitution S ou Σ, si une des lettres $a_1 a_2 \dots a_m$ est déplacée, toutes le seront.

Je suppose, en effet, que dans une substitution s du système S, a_1 reste immobile. Les lettres du sous-groupe $a_1 \dots a_m$ devront toutes se remplacer entre elles, puisque l'une d'elles se remplace elle-même. Mais, de plus, chacune d'elles devra se remplacer elle-même.

En effet, soit a_2 l'une d'elles. Il existe une substitution σ dans le système Σ qui amène a_1 à la place de a_2. Elle devra être échangeable à s. Donc $\sigma s \sigma^{-1} = s$. Mais $\sigma s \sigma^{-1}$ remplace la lettre a_2 par elle-même; car σ^{-1} la remplace par a_1 : s laisse a_1 à sa place actuelle; σ^{-1} y ramène a_2.

On démontrerait exactement la même chose pour les substitutions Σ. Il est à remarquer que toute substitution qui n'ébranle que μ groupes fait partie de l'un des deux systèmes s ou Σ. Donc elle déplacera toutes les lettres $a_1 a_2 \dots a_m$, ou les laissera toutes en repos.

Si les lettres $a_1 a_2 \dots a_m$ n'épuisent pas celles du groupe, le groupe aura m^p lettres, qu'on pourra distinguer par p indices variant de 1 à m chacun. On aura ainsi une décomposition en sous-groupes :

$$(a_{1,1,1} \dots a_{x,1,1}) \dots (a_{1,\alpha,\beta} \dots a_{x,\alpha,\beta})$$

les lettres $(a_{1,1,1} \dots a_{m,1,1})$ étant celles primitivement désignées par $a_1 \dots a_m$.

Toute substitution s, qui ébranle μ groupes seulement, et qui déplace quelqu'une des lettres du sous-groupe $(a_{x,\alpha,\beta})$, les déplacera toutes. Car si cela n'avait pas lieu, il existe une substitution t de seconde espèce qui fait succéder ces lettres à celles du sous-groupe $(a_{x,1,1})$; la substitution tst^{-1} qui n'ébranle que μ groupes, déplacerait une partie seulement des lettres $(a_{x,1,1})$.

En faisant varier le second indice, on aura une seconde décomposition en sous-groupes

$$(a_{1,1,1} \dots a_{1,x,1}) \dots (a_{\alpha',1,\beta'} \dots a_{\alpha',x,\beta'}).$$

Parmi les substitutions de première espèce, il en existe une qui amènera l'un de ces nouveaux sous-groupes à succéder à l'un des anciens. Donc on verra encore de la même manière que toute substitution s qui ébranle μ groupes seulement et déplace quelque lettre de l'un de ces nouveaux sous-groupes, les déplacera toutes.

La même chose aura lieu pour la troisième décomposition en sous-groupes :

$$(a_{1,1,1} \ldots a_{1,1,z}) \ldots (a_{\alpha'',\beta'',1} \ldots a_{\alpha'',\beta'',z}).$$

Théorème I. Toute substitution parmi celles qui n'ébranlent que μ groupes déplacera toutes les lettres de ces groupes.

Car si $a_{1,1,1}$ restait immobile, toutes les lettres $a_{,,1,1}$ resteraient immobiles aussi. De ce que $a_{z,1,1}$ reste immobile, on déduirait que les $a_{z,y,1}$ seraient immobiles aussi, etc.

Si l'on ne considère dans S et de Σ que les substitutions qui échangent entre elles les lettres $(a_{1,1,1} \ldots a_{z,1,1})$ les substitutions entre ces lettres devront former deux systèmes conjugués échangeables entre eux, chacun transitif, et tel, que toutes ses substitutions déplacent toutes les lettres.

La possibilité de deux pareils systèmes n'est pas évidente : elle fait l'objet du théorème suivant :

Théorème II. Soit S un système transitif de substitutions, entre m lettres, et tel, que toutes ses substitutions déplacent toutes les lettres : il existe un système réciproque, unique, analogue et échangeable avec lui.

Toutes les substitutions de S sont régulières. Soit $aa'a''\ldots$ un cycle de l'une d'elles. Le système S ne fournit par hypothèse qu'une seule manière de faire arriver a à la place d'une lettre b : car s'il y en avait deux, on pourrait, en les combinant, ramener la lettre a à sa place sans que toutes y fussent ramenées en même temps. Soient $b'b''\ldots$ les lettres que remplacent successivement $a'a''\ldots$ lorsque a remplace ainsi b. Je dirai que les lettres a' et b', a'' et b'', etc., ..., auront entre elles le même rapport que les lettres a et b.

Lemme I. Soit c une lettre qui ne fasse partie ni des $aa'\ldots a^{m-1}$, ni des $bb'\ldots b^{m-1}$. Elle a un rapport déterminé avec a. Soient $c'c''\ldots$ les lettres qui ont le même rapport avec $a'a''\ldots$ respectivement. Aucune des lettres $c'c''\ldots$ ne fera partie du groupe $aa'a''\ldots$ ni du groupe $bb'b''\ldots$

En effet, si c'' était identique à b', par exemple, on ferait le raisonnement suivant : Puisque, a' succédant à b', a succède à b, et que a'' succédant à a', a' succède à a, on voit que a'' succédant à $b' = c''$, a succédera à b. De même a succédera à b^{m-1}. Donc si $c'' = b'$, $c' = b$, $c = b^{m-1}$, ce qui est contre l'hypothèse.

Donc les lettres se décomposent toutes en groupes $(bb'b'')$, $(c, c'c'', \ldots)$ tels, que les lettres de chacun aient respectivement le même rapport avec les diverses lettres du cycle pris arbitrairement $(a a' a'' \ldots a^{n-1})$.

Lemme II. Si b a un certain rapport avec c, le même rapport existera entre b' et c', b'' et c''.... Car a est indirectement en rapport avec c par l'intermédiaire de b' : a', dont le rapport avec b' est le même que celui de a avec b, se trouve dans le même rapport indirect avec la lettre qui se trouve être à b' dans le rapport de b à c. Cette lettre doit donc nécessairement être c', seule lettre qui soit à a' dans le rapport de c à a.

On voit de même que le rapport de b à b^{α} est le même que celui de b' à $b^{\alpha+1}$.... Car b est à b^{α} dans un rapport indirect par l'intermédiaire de a et a^{α}, de telle sorte qu'on pourra écrire, en langage figuré, que le rapport

$$\frac{b}{b^{\alpha}} = \frac{b}{a} \cdot \frac{a}{a^{\alpha}} \cdot \frac{a^{\alpha}}{b^{\alpha}}.$$

De même on a

$$\frac{b'}{b^{\alpha+1}} = \frac{b'}{a'} \cdot \frac{a'}{a^{\alpha+1}} \cdot \frac{a^{\alpha+1}}{b^{\alpha+1}}.$$

Mais on a respectivement

$$\frac{b}{a} = \frac{b'}{a'}, \quad \frac{a}{a^{\alpha}} = \frac{a'}{a^{\alpha+1}}, \quad \frac{a^{\alpha}}{b^{\alpha}} = \frac{a^{\alpha+1}}{b^{\alpha+1}}.$$

Donc

$$\frac{b}{b^{\alpha}} = \frac{b'}{b^{\alpha+1}} = \ldots = \frac{b^{\alpha}}{b^{2\alpha}} = \ldots = \frac{b^{k\alpha}}{b^{(k+1)\alpha}}.$$

Si donc une substitution de S met b^{α} à la place de b, elle mettra $b^{2\alpha}$ à la place de b^{α}.... Et si elle met b à la place de c^{α}, elle mettra b' à la place de $c^{\alpha+1}$,..., b^{α} à la place de $c^{\alpha+\alpha}$.

Cela posé, la substitution régulière

$$\sigma = \left| \begin{matrix} a\, a'\, a'' \ldots \\ b\, b'\, b'' \ldots \\ c\, c'\, c'' \ldots \\ \ldots\ldots \end{matrix} \right|,$$

(d'après la notation de la page 14) est échangeable à toutes les substitutions s, s'... de S. En effet, celles-ci seront de deux sortes : b sera remplacé par une lettre b^{α} du même groupe, ou par une lettre c^{α} d'un autre groupe. Dans les deux cas, b sera remplacé par la même lettre, dans quelque ordre qu'on effectue les deux substitutions s et σ.

En effet, dans le premier cas, on aura

$$s = \begin{vmatrix} b\, b^{\alpha}\, b^{2\alpha} \ldots \\ b'\ b^{\alpha+1} \ldots \\ \ldots\ldots\ldots \end{vmatrix}.$$

Si l'on opère $s\sigma$, la substitution s met b^{α} à la place de b; puis la substitution σ remplace b^{α} par $b^{\alpha+1}$. Si l'on opère la substitution σs, b est remplacé par b', que remplace ensuite $b^{\alpha+1}$. Dans les deux cas $b^{\alpha+1}$ succède à b.

Dans le deuxième cas on a

$$s = \begin{vmatrix} b\, c^{\alpha} \ldots \\ b' c^{\alpha+1} \ldots \end{vmatrix}.$$

$s\sigma$ fera succéder à b c^{α} puis $c^{\alpha+1}$,
σs fera succéder à b b' puis $c^{\alpha+1}$.

Comme on peut prendre pour b une lettre quelconque, les substitutions $s\sigma$, σs sont identiques : s et σ sont échangeables.

Mais $a\,a'\,a'' \ldots$ est un cycle arbitraire d'une substitution quelconque du système S. Prenons-les tous successivement : on formera un ensemble de substitutions σ, échangeables avec S. Toutes les substitutions σ et leurs dérivées devront donc déplacer toutes les lettres. D'un autre côté, si k est une lettre quelconque, il existe un cycle de S où a succède à k. Ce cycle se retrouve dans le nouveau système Σ. Il est donc transitif.

Il existe donc toujours un système Σ satisfaisant aux conditions de l'énoncé; de plus, il est unique. Car si S' est un semblable système, P celle de ses substitutions par laquelle a' succède à a, $a\,a'\,a'' \ldots$ devra être l'un des cycles de P, à cause de la condition d'échangeabilité avec la substitution q de S qui contient le cycle $(a\,a'\,a'' \ldots)$. En effet, soit

$$Q = \begin{vmatrix} a\,a'\,a'' \ldots \\ \ldots\ldots\ldots \end{vmatrix} \qquad P = \begin{vmatrix} a\,a'\,k \ldots \\ \ldots\ldots\ldots \end{vmatrix}$$

PQ remplace la lettre a par la lettre a'',
QP remplace la lettre a par la lettre k.

Donc $k = a''$. On verrait de même que a'' est suivi de a''' dans P, etc.

Mais de plus il existe dans S une substitution R telle que

$$\mathrm{R} = \begin{vmatrix} a\,b\ldots \\ a'b'\ldots \\ a''b''\ldots \end{vmatrix}.$$

Et si

$$\mathrm{P} = \begin{vmatrix} a\,a'\,a''\ldots \\ b\,x\,y\ldots \\ \ldots\ldots \end{vmatrix},$$

on voit que

PR remplace a par b',

RP remplace a par x.

Donc $x = b'$; de même $y = b''$.

Donc $b\,b'\,b''$ sera un cycle de P; $c\,c'\,c''\ldots$ en sera un autre, etc. Donc la substitution P se confond avec l'une de celles du système Σ déterminé plus haut.

Donc ce système Σ est unique. Donc la liaison qui le joint à S est réciproque.

Ici l'on peut diviser le cas actuel en deux, selon que l'hypothèse restrictive suivante aura lieu ou non.

Hypothèse. Il est impossible de trouver trois systèmes S, S_1, S_2, parmi ceux qui déplacent les lettres de μ groupes seulement, tels, que chacun d'eux puisse amener une même lettre a à la place d'une même lettre a'.

IIe cas particulier. Si cette hypothèse se vérifie, les conclusions immédiates à tirer des considérations précédentes s'arrêtent là. Et pour continuer l'analyse du problème, la marche à suivre sera celle que je vais indiquer.

J'ai distingué jusqu'à présent les lettres du groupe les unes des autres par un certain nombre d'indices, de telle sorte que leur symbole général se trouve être $a_{x,y,z}$, en supposant pour plus de netteté qu'il n'y ait que trois indices. Maintenant, pour distinguer les groupes les uns des autres, j'ajoute un quatrième indice i : $a_{i,x,y,z}$ sera la lettre générale. L'indice i, au lieu de varier comme les autres de 1 à m, prendra autant de valeurs qu'il y a de groupes distincts.

Si l'on considère une substitution quelconque, chaque lettre $a_{i,x,y,z}$ y sera remplacée par une autre lettre a_{i_1,x_1,y_1,z_1} qui sera parfaitement déterminée, lorsque i, x, y, z sont donnés, ainsi que la forme de la substitution;

ainsi i_1, x_1, y_1, z_1, peuvent être considérés comme des fonctions de i, x, y, z. La connaissance de ces fonctions déterminera complétement la substitution. On pourra donc la représenter par le symbole

$$\begin{vmatrix} a_{i,x,y,z} \\ a_{i_1,x_1,y_1,z_1} \end{vmatrix},$$

ou plus simplement

$$| a_{i_1,x_1,y_1,z_1} |,$$

ou même

$$| i_1, x_1, y_1, z_1 |.$$

Cette dernière forme est la plus simple, et je l'emploierai fréquemment dans la suite; pourtant la première sera quelquefois nécessaire.

Cette notation établie, le théorème fondamental du chapitre III revient purement et simplement à dire que i_1 est fonction de i seul. Car ce théorème exprime que toute substitution qui amène un $a_{i_1 \ldots}$ à succéder à un $a_{i \ldots}$, amène toutes les lettres des groupes $a_{i_1 \ldots}$ à la place des $a_{i \ldots}$, ce qui est précisément dire que i_1 n'est fonction que de i.

Dans les substitutions de deuxième espèce $i_1 = i$. Et le théorème III apprend que x_1 sera indépendant de y et z; car si dans l'une de ces substitutions, une lettre du sous-groupe $a_{i,x_1 \ldots}$ succède à un $a_{i,x,\ldots}$ tous les $a_{i,x_1 \ldots}$, d'après ce théorème, succéderont aux a_{i,x_1}. Donc x_1 sera fonction de i et x seulement. De même y_1 ne dépend que de i et y; z_1 que de i et z.

Soit Σ l'ensemble des substitutions qui n'ébranlent que μ groupes; S l'ensemble de celles qui ébranlent μ groupes donnés, parmi lesquels sera celui qui est caractérisé par l'indice i_0. Je considère spécialement dans le système S l'ensemble des substitutions qui permutent entre elles les lettres d'un sous-groupe

$$a_{i_0,x,y_0,z_0},$$

obtenu par la variation de l'indice x.

Si l'on pose

$$x_1 = f(x,i), \quad y_1 = f_1(y,i), \quad z_1 = f_2(z,i),$$

toute substitution de deuxième espèce sera de la forme

$$\begin{vmatrix} i & x & y & z \\ i & f(x,i) & f_1(y,i) & f_2(z,i) \end{vmatrix};$$

Mais pour celles que je considère, toutes les lettres $a_{i_0 x y_0 z_0}$ se suivant mutuellement, on devra avoir

$$f_1(y_0, i_0) = y_0, \quad f_2(z_0, i_0) = z_0.$$

Quant à la fonction f, elle deviendra $f(x, i_0)$ et prendra pour les diverses substitutions considérées, diverses formes,

$$f(x, i_0), \quad f'(x, i_0), \quad f''(x, i_0), \ldots,$$

lorsqu'on s'occupe seulement des cycles de chacune de ces substitutions qui permutent entre elles les lettres du sous-groupe.

Or on sait que ces substitutions doivent être telles, qu'elles permutent entre elles toutes les lettres du sous-groupe et fassent succéder chacune d'elles à toutes les autres. D'un autre côté, chacune d'elles doit déplacer toutes les lettres. De telle sorte que pour déterminer ces fonctions inconnues

$$f(x, i_0), \quad f'(x, i_0), \ldots,$$

on aura à résoudre ce premier problème :

Étant donné m lettres

$$a_{i_0, x_0, y_0, z_0}, \ldots a_{i_0, x_{m-1}, y_0, z_0},$$

déterminer un système conjugué de substitutions, transitif, et tel, que chaque substitution déplace toutes les lettres.

On aura fait alors un pas important vers la solution de la question. En effet, soient A, A',... les substitutions ainsi déterminées :

$$\mathrm{A} = \begin{vmatrix} i_0 & x & y_0 & z_0 \\ i_0 & f(x, i_0) & y_0 & z_0 \end{vmatrix}, \qquad \mathrm{A}' = \begin{vmatrix} i_0 & x & y_0 & z_0 \\ i_0 & f'(x, i_0) & y_0 & z_0 \end{vmatrix}, \ldots$$

Ces substitutions A, A',... formeront respectivement une partie des cycles des substitutions A_1, A'_1 du système S que je considère spécialement. Il sera possible que les lettres de ce sous-groupe se trouvent permutées entre elles dans un autre système S' ébranlant aussi μ groupes : mais comme S sera échangeable à S', elles y subiront un système de permutations réciproque du système A, A',..., que j'ai appris tout à l'heure à déterminer.

En choisissant convenablement la notation de chaque lettre, on trouvera une substitution de seconde espèce où les lettres du sous-groupe $a_{i_0 x y_0 z_0}$

remplaceront respectivement celle des lettres d'un autre sous-groupe, a_{i_1,x,y_1,z_1}, qui a le même indice x. Soit B cette substitution. Formons BA_1B^{-1}. Ce sera une substitution du système S, qui permutera entre elles les lettres $a_{i_0 x y_1 z_1}$; et le déplacement qu'elle leur fera subir sera, d'après la loi de formation bien connue,

$$BAB^{-1} = \begin{vmatrix} i_0 & x & y_1 & z_1 \\ i_0 & f(x, i_0) & y_1 & z_1 \end{vmatrix}.$$

De même BA'_1B^{-1} fera partie du système S : et ceux de ses cycles qui permutent entre elles les lettres a_{i_0,x,y_1,z_1} seront

$$BA'B^{-1} = \begin{vmatrix} i_0 & x, & y_1 & z_1 \\ i_0 & f'(x, i_0), & y_1, & z_1 \end{vmatrix}.$$

Il résulte de là que les substitutions du système S, qui permutent entre elles les lettres de ce second sous-groupe, leur font éprouver les mêmes déplacements que les substitutions correspondantes, A_1, A'_1, font éprouver aux lettres homologues du premier sous-groupe.

Cela peut être étendu à des sous-groupes faisant partie de groupes différents. La notation étant encore convenablement choisie, il existera une substitution de première espèce, qui fera succéder chaque lettre du groupe $a_{i_0 xyz}$ à la lettre homologue d'un autre groupe $a_{i_1 xyz}$.

La substitution PA_1P^{-1} sera l'une des substitutions Σ; et si on considère en particulier les cycles PAP^{-1}, ils seront

$$PAP^{-1} = \begin{vmatrix} i_1 & x & y_0 & z_0 \\ i_1 & f(x, i_0) & y_0 & z_0 \end{vmatrix}.$$

On aurait de même $PA'P^{-1}$, etc., et l'on voit que les changements des indices x seront encore les mêmes que dans A, A'....

En dernier lieu, il existera au moins une substitution Q, de première espèce, qui amènera les lettres d'un sous-groupe

$$a_{i_0, 0, y_0, z_0} \ldots a_{i_0, x, y_0, z_0}$$

respectivement à la place des lettres

$$a_{i_0, x_1, 0, z_0} \ldots a_{i_0, x_1, x, z_0},$$

d'un sous-groupe d'une autre décomposition.

QA_1Q^{-1} sera une substitution Σ. Et si l'on considère en particulier les cycles QAQ^{-1}, ils permuteront entre elles les lettres a_{i_1,z_1,x,s_1} de la manière suivante :

$$QAQ^{-1} = \begin{vmatrix} a_{i_1,z_1} & x, & s_1 \\ a_{i_1,z_1,f(z_1,i_1),s_1} \end{vmatrix}.$$

Ici encore on voit que les substitutions QAQ^{-1}, $QA'Q^{-1}$, font subir aux lettres de ce nouveau sous-groupe les mêmes déplacements que A', A,... aux lettres homologues du premier sous-groupe considéré.

Ce dernier cas achève la démonstration du lemme suivant :

Lemme. Soit un sous groupe a_{i_0,x,y_0,z_0}; si les diverses substitutions du système Σ qui permutent ses lettres, remplacent les lettres a_{i_0,x,y_0,z_0} respectivement par les lettres $a_{i,f(x),y_0,z_0}$, $a_{i_0,f'(x),y_0,z_0}\ldots$

Les substitutions Σ qui permutent entre elles les lettres d'un sous-groupe quelconque leur feront subir des déplacements semblables.

(J'ai remplacé dans cet énoncé $f(x, i_0)$... par $f(x)$..., parce que i_0 est une constante, qui complique inutilement l'écriture.)

Soit maintenant une substitution quelconque de seconde espèce

$$B = \begin{vmatrix} i & x & y & z \\ i & \varphi(x,i) & \psi(y,i) & \chi(y,i) \end{vmatrix}.$$

Je forme la substitution $B^{-1}A_1B$. Elle fait évidemment partie du système S. D'ailleurs elle peut s'écrire :

$$B^{-1}A^1B = \begin{vmatrix} i & \varphi(x,i) & \psi(y,i) & \chi(z,i) \\ i & \varphi[f(x,i),i] & \psi[f_1(y,i),i] & \chi[f_2(z,i),i] \end{vmatrix}.$$

Soit $i = i_0$, $y = y_0$, $z = z_0$. On aura

$$f(x,i) = f(x), \quad f_1(y_0,i_0) = y_0, \quad f_2(z_0,i_0) = z_0,$$
$$\psi[f_1(y_0,i_0),i_0] = \psi(y_0,i_0),\ldots.$$

Donc dans $B^{-1}A_1B$ toutes les lettres du sous-groupe

$$[a_{i_0,x,\ \psi(y_0,i_0),\ \chi(z_0,i_0)}]$$

seront permutées les unes dans les autres.

Or on sait par le lemme précédent que la lettre dont l'indice est x doit être remplacée par celle dont l'indice est $f(x)$, ou $f'x$, ou $f''x$,... D'un autre côté, on voit que, d'après l'expression même de $B^{-1}A_1B$, la lettre dont l'indice est $\varphi(x, i_0)$ est remplacée par celle dont l'indice est $\varphi(fx, i_0)$. La comparaison de ces deux résultats montre que

$$\varphi(fx, i_0) = \left| \begin{array}{c} f[\varphi(x, i_0)] \\ \text{ou } f'[\varphi(x, i_0)] \\ \text{ou } f''[\varphi(x, i_0)] \end{array} \right| \ldots$$

On aurait de même, en prenant les substitutions $B^{-1}A'_1B$, $B^{-1}A''_1B, \ldots$,

$$\varphi(f'x, i_0) = f^{\mu'}[\varphi(x, i_0)],$$
$$\varphi(f''x, i_0) = f^{\mu''}[\varphi(x, i_0)],$$

les indices $\mu', \mu'', \ldots$, représentant chacun l'une des quantités $0, 1, 2, \ldots$.

Ces égalités peuvent se traduire ainsi :

Soient $A, A', \ldots, A^k$, M les substitutions suivantes :

$$A = \left| \begin{array}{c} x \\ fx \end{array} \right|, \qquad A' = \left| \begin{array}{c} x \\ f'x \end{array} \right| \ldots, \qquad M = \left| \begin{array}{c} x \\ \varphi(x, i_0) \end{array} \right|.$$

On devra avoir

$$\begin{array}{lcl} MA = A^{\mu}M, & & MAM^{-1} = A^{\mu}, \\ MA' = A^{\mu'}M, & \text{ou} & \ldots\ldots\ldots\ldots, \\ \ldots\ldots\ldots\ldots, & & \ldots\ldots\ldots\ldots, \\ MA^k = A^{\mu^k}M, & & MA^kM^{-1} = A^{\mu^k}. \end{array}$$

Une substitution M qui satisfait à un pareil système d'équations symboliques relativement à un système conjugué

$$A, A', \ldots, A^k$$

sera dite *permutable*, à ce système. Cette notion, due à M. Cauchy, est, comme on le voit, une généralisation de celle de l'échangeabilité ; et en se reportant au chapitre II, on reconnait que le problème qu'il résout est précisément celui de trouver les substitutions permutables au système des puissances d'une même substitution.

Un second problème se présentera ainsi à résoudre : Trouver toutes les substitutions permutables au système des substitutions

$$|fx|, \quad |f'x|, \quad |f''x|, \ldots.$$

J'admets qu'on ait résolu le problème : soient les substitutions cherchées

$$|\theta x|, \quad |\theta_1 x|, \ldots; \quad |\theta_n x|, \ldots.$$

On vient de voir que la substitution $\begin{vmatrix} x \\ \varphi(x, i_0) \end{vmatrix}$ est une de celles-là. On verra de même que la substitution $\begin{vmatrix} x \\ \varphi(x, i_1) \end{vmatrix}$ en est une. Pour cela, au lieu de considérer les substitutions A_1, A'_1, A''_1, qui permutent entre elles les lettres a_{i_1, x, y_1, z_1}, on n'a qu'à considérer celles qui permutent entre elles les lettres du sous-groupe a_{i_1, x, y_1, z_1}. Le lemme de tout à l'heure démontre que dans les lettres qui se succèdent par ces diverses substitutions, l'indice x est remplacé par les divers indices

$$f(x), \quad f'(x), \ldots.$$

Le même raisonnement pourra donc être appliqué. Donc en général $\begin{vmatrix} x \\ \varphi(x, i) \end{vmatrix}$ se confond avec l'une des substitutions $\begin{vmatrix} x \\ \theta_n x \end{vmatrix}$. Mais pour diverses valeurs de i, cette substitution se confondra avec diverses substitutions $\begin{vmatrix} x \\ \theta_n x \end{vmatrix}$. On pourra donc poser en général

$$\varphi(x, i) = \theta_I(x),$$

I étant un indice fonction de i.

On démontrera de même que

$$\begin{vmatrix} \psi(y, i) = \theta_{I'}(y) \\ \chi(z, i) = \theta_{I''}(z) \end{vmatrix},$$

I′, I″ étant des indices fonctions de i.

Pour établir la première de ces deux égalités, je considère un sous-groupe (a_{i_1, x_1, y, z_1}) où y est la lettre variable : les substitutions du système Σ qui permuteront entre elles les lettres de ce sous-groupe, feront succéder à l'indice y, l'une l'indice $f(y)$, l'autre l'indice $f'(y)$, etc. (Lemme précédent); ce qui suffit, en répétant les raisonnements précédents, pour démontrer l'égalité que je viens d'écrire.

J'obtiens donc, en résumant, le théorème suivant :

Théorème. Si m est le nombre des lettres du sous-groupe, soit

$$\begin{vmatrix} x \\ fx \end{vmatrix}, \quad \begin{vmatrix} x \\ f'x \end{vmatrix} \cdots$$

un système de substitutions transitif entre m lettres, et dont chaque substitution déplace toutes les lettres.

Soit

$$\begin{vmatrix} x \\ \theta x \end{vmatrix} \cdots \begin{vmatrix} x \\ \theta_\kappa(x) \end{vmatrix} \cdots$$

l'ensemble des substitutions permutables au système précédent.

Toutes les substitutions de seconde espèce seront de la forme

$$\begin{vmatrix} i & x & y & z \\ i & \theta_{\mathrm{I}}(x) & \theta_{\mathrm{I}'}(y) & \theta_{\mathrm{I}''}(z) \end{vmatrix},$$

les indices I, I', I" étant fonctions de i.

Ici se présentent des difficultés considérables et qui me paraissent exiger nécessairement pour être résolues la solution complète des deux problèmes que je viens de poser. Cependant on peut déduire dès à présent de ce dernier théorème une limitation remarquable du nombre des substitutions.

On sait que ce nombre est égal au produit du nombre des positions diverses qu'on peut donner aux groupes, par le nombre des substitutions de seconde espèce, qui déplacent les lettres en laissant chaque groupe à sa place. Le premier facteur est un nombre de valeurs d'une fonction de k lettres, si k est le nombre des groupes : c'est donc un diviseur de $1 . 2 \ldots k$. Je vais chercher de même un nombre qui soit divisé par le second facteur. Soient p le nombre des indices x, y, z; N le nombre des substitutions $|\,\theta(x)\,| \ldots |\,\theta_\kappa(x)\,| \ldots$.

Je considère un système de substitutions

$$\begin{vmatrix} i & x & y & z \\ i & \theta_j(x) & \theta_{j_1}(y) & \theta_{j_1}(z) \end{vmatrix},$$

où j, j_1, j_2 varient indépendamment les uns des autres et peuvent prendre chacun pour chaque valeur de i toute la série des valeurs

$$0, 1, \ldots, N-1,$$

sans que cela préjuge rien sur la valeur que ces indices prendront pour une autre valeur de i.

De la sorte chaque indice prenant N valeurs pour chaque valeur de i, indépendantes de celles qu'il prend pour les autres valeurs de i, le nombre des valeurs de i étant k, on aura en tout pour chaque indice N^k combinaisons possibles pour l'ensemble de ses valeurs relatives aux diverses valeurs de i. Le nombre des indices j étant p, cela fera en tout N^{pk} substitutions distinctes.

Les substitutions forment un système conjugué. Soient en effet deux d'entre elles

$$A = \begin{vmatrix} i & x & \\ i & \theta_j(x) & \ldots \end{vmatrix} \quad \text{et} \quad \begin{vmatrix} i & x & \\ i & \theta_{j'}(x) & \ldots \end{vmatrix} = B.$$

La substitution AB remplacera la lettre

$$a_{i,x,y,z} \quad \text{par celle-ci} \quad a_{i,\theta_{j'}[\theta_j(x)]},\ldots$$

Mais $\theta_{j'}[\theta_j(x)]$ est encore l'une des substitutions $\theta_r(x)$, puisqu'elles forment un système conjugué. De même pour les autres indices que je n'écris pas. La substitution AB sera donc encore une substitution du système considéré; donc il est conjugué.

D'un autre côté, il est évident, par la formation même de ce système, qu'il contient parmi ses substitutions toutes les substitutions de seconde espèce proposées. Je vais démontrer que son ordre est un multiple du nombre de ces substitutions. Cela résulte immédiatement du théorème suivant, qui n'est qu'une généralisation de celui de Lagrange.

Théorème. Si toutes les substitutions d'un système conjugué S font partie de celles d'un système conjugué Σ, l'ordre de S divise l'ordre de Σ.

Soient en effet A, B, C, ... les substitutions de S; soit P une substitution de Σ autre que celles-là,

$$PA, \quad PB, \quad PC, \ldots$$

seront des substitutions de Σ, sans l'être de S : car si PA était une substitution de S, $PA \cdot A^{-1} = P$ en serait une.

Si Q est une substitution de Σ étrangère aux deux séries

$$A, \quad B, \quad C, \ldots,$$
$$PA, \quad PB, \quad PC, \ldots,$$

les substitutions

$$QA, \quad QB, \quad QC, \ldots,$$

formeront une troisième série, dont tous les termes différeront de ceux des précédentes : car de $QA = PB$, par exemple, on déduirait

$$Q = QA \cdot A^{-1} = PB \cdot A^{-1} = P(BA^{-1}),$$

ce qui est contre l'hypothèse, Q n'étant pas de la série PA, PB, PC.

Donc le nombre des substitutions de seconde espèce divise $N^{\mu k}$: d'où ce théorème important.

Théorème. Si N est le nombre des substitutions $\theta(x)$, k le nombre des groupes, m^{μ} le nombre des lettres de chacun d'eux :

Le nombre total des substitutions du système sera un diviseur du nombre

$$1 \cdot 2 \ldots k \cdot N^{\mu k}.$$

Je vais faire l'application complète de ces principes à l'étude du troisième cas.

IIIe Cas. Le troisième cas est celui où l'on peut trouver trois systèmes de substitutions S, S_1, S_2 parmi ceux qui n'ébranlent que μ groupes, qui soient échangeables entre eux, et qui permettent chacun de remplacer une même lettre $a_{0,0,0}$ par une autre lettre $a_{1,0,0}$.

Dans cet énoncé, chaque système, tel que S, comprend l'ensemble de toutes les substitutions qui ébranlent μ groupes.

Si m est le nombre de lettres du sous-groupe minimum, on pourra trouver un sous-groupe de m lettres $a_{0,0,0}\ a_{1,0,0} \ldots a_{m,0,0}$, jouissant de la propriété que ses lettres se permutent les unes dans les autres, à la fois par les substitutions S, S_1, ou S_2. C'est une conséquence directe des théorèmes du chapitre précédent.

1°. Or les substitutions de S qui permutent entre elles les lettres $a_{0,0,0} \ldots a_{m,0,0}$, échangeables aux substitutions de S_1 qui permutent ces mêmes lettres, doivent en être les *réciproques :* il en est de même des substitutions pareilles du système S_2 : et comme il n'existe qu'un système de substitutions réciproque d'un système donné, ces substitutions de S_1 sont identiques aux substitutions correspondantes de S_2 : mais elles leur sont échangeables; donc elles sont échangeables entre elles : premier point qu'il importait d'établir.

Si les lettres du sous-groupe épuisaient toutes celles du groupe, il serait démontré que toutes les substitutions des systèmes S, S_1, S_2, etc., qui n'ébranlent que μ groupes, sont échangeables entre elles : car on sait que les substitutions S sont échangeables avec les substitutions S_1, S_2, etc.; et l'on voit ici que ces substitutions S seraient de plus échangeables entre elles : il en serait de même des substitutions S_1 entre elles, etc.

Mais si le système S permet d'amener $a_{0,0,0}$ à la place d'autres lettres que $a_{x,0,0}$, une démonstration ultérieure est nécessaire pour établir l'échangeabilité de toutes les substitutions S entre elles. En ce cas, les lettres du groupe étant en nombre m^p, seront caractérisées par p indices.

2°. Les substitutions qui permutent entre elles les lettres qui ne diffèrent que par la valeur d'un seul indice, sont échangeables entre elles. En effet, ou bien cet indice variable sera le premier, ou bien un autre, le second par exemple.

Si c'est le premier, je dis que les substitutions qui ne déplacent que μ groupes, et qui permutent entre elles les lettres

$$a_{i_0,x,\alpha,\beta},$$

sont échangeables entre elles.

(Ici je mets en évidence l'indice i_0 qui caractérise le groupe.)

En effet, il existe une substitution P de seconde espèce qui fait succéder aux lettres $a_{i_0,x,\alpha,\beta}$ les lettres $a_{i_0,x,0,0}$. Les substitutions PSP^{-1}, PS_1P^{-1}, PS_2P^{-1}, où l'on prend successivement pour S, S_1, S_2 toutes les substitutions de ces systèmes qui permutent entre elles les lettres $a_{i_0,x,0,0}$, permuteront de même entre elles les lettres $a_{i_0,x,\alpha,\beta}$: de plus, elles devront être toutes échangeables entre elles, comme les précédentes l'étaient.

De même, les substitutions du système Σ où μ groupes seulement sont ébranlés, qui permutent les lettres $a_{i_1,x,\alpha,\beta}$, seront échangeables entre elles, car il existera encore une substitution Q de première espèce cette fois, qui fera succéder aux lettres $a_{i_1,x,\alpha,\beta}$ les lettres $a_{i_0,x,\alpha,\beta}$. Les substitutions

$$QPSP^{-1}Q^{-1},\quad QPS_1P^{-1}Q^{-1},\ldots$$

font toutes partie du système Σ; elles sont toutes échangeables entre elles, et permutent les $a_{i_1,x,\alpha,\beta}$ entre eux. Ce qui démontre la proposition énoncée.

Enfin, si l'indice qui varie d'une lettre à l'autre du sous-groupe n'est plus le premier, que le sous-groupe soit, par exemple, (a_{i_1,x_1,y,z_1}), on aura une substitution R, encore de première espèce, qui fera succéder à ses lettres celles d'un sous-groupe $a_{i_1,x,z,\beta}$ où x soit l'indice variable. Si A, B, ... sont les substitutions Σ, encore échangeables entre elles, qui permutent les lettres de ce dernier sous-groupe, les substitutions RAR^{-1} seront du système Σ, permuteront entre eux les (a_{i_1,x_1,y,z_1})....

3°. Deux substitutions du système S, dont l'une fait succéder $a_{0,0,0}$ à $a_{\alpha,0,0}$, et l'autre le fait succéder à $a_{0,\beta,0}$, sont échangeables.

Il existe deux systèmes au moins, S_1 et S_2, qui feront succéder $a_{0,0,0}$ aux lettres $a_{x,0,0}$. De même il existe deux systèmes différents de S, S'_1 et S'_2, qui feront succéder $a_{0,0,0}$ aux diverses lettres $a_{0,y,0}$. En combinant ensemble les substitutions des deux systèmes S_1 et S'_1 d'une part, celles des deux systèmes S_2 et S'_2 d'autre part, on obtiendra deux faisceaux de substitutions, dont chacune sera échangeable à toutes celles de l'autre faisceau, et de plus à celles du système S.

Or chacun de ces deux faisceaux amène la lettre $a_{0,0,0}$ à succéder aux m^2 lettres $a_{x,y,0}$. Il en est de même du système S; car, d'un côté, il résulte du théorème III (chapitre III) que celles des substitutions S_1 qui permutent entre elles les lettres $a_{0,0,0}, \ldots, a_{x,0,0}$, et celles des substitutions S'_1 qui permutent entre elles les lettres $a_{0,0,0}, \ldots, a_{0,y,0}$ étant combinées ensemble, permuteront les lettres $a_{x,y,0}$ exclusivement entre elles; d'un autre côté, ces substitutions S_1 permettent d'amener $a_{0,0,0}$ à m places $a_{0,0,0}, \ldots, a_{m-1,0,0}$; et comme chacune d'elles déplace toutes les lettres du groupe, elles permettront d'amener chaque lettre $a_{0,y,0}$ à m places. Les substitutions considérées du système S'_1 permettront ensuite d'amener $a_{0,0,0}$ à la place d'une quelconque des m lettres $a_{0,y,0}$. Donc $a_{0,0,0}$ pourra occuper en tout m^2 places, qui sont précisément celles des $a_{x,y,0}$.

La démonstration serait la même pour le second faisceau, la même encore pour le système S.

Les substitutions de chacun des trois faisceaux

$$S, \quad S_1 \text{ et } S'_1, \quad S_2 \text{ et } S'_2$$

étant échangeables aux deux autres, il résulte de là, comme conséquence directe de ce qui précède, que toutes les substitutions qui amènent dans chacun des trois la lettre $a_{0,0,0}$ à la place des lettres $a_{x,y,0}$, sont échangeables entre elles. Le théorème est donc démontré.

Il peut arriver que les systèmes S'_1, S'_2 se confondent respectivement avec

S_1, S_2. Cela ne nuit en rien à la démonstration de ce cas-là ; mais c'est ce qui exige qu'on le traite en premier lieu.

4°. Toutes les substitutions S sont échangeables entre elles.

Je considère l'une d'elles, qui amène $a_{0,0,0}$ à la place de $a_{\alpha,\beta,\gamma}$. Elle sera échangeable à celles qui amènent $a_{0,0,0}$ à la place des $a_{x,0,0}$.

Il existe en dehors de S au moins deux systèmes S_1, S_2 renfermant des substitutions où $a_{0,0,0}$ succède aux lettres $a_{x,0,0}$. Soient F_1, F_2 les faisceaux respectivement formés dans chacun d'eux par ces substitutions-là. De même il existe en dehors de S au moins deux faisceaux de substitutions F'_1, F'_2 appartenant à deux systèmes différents, qui permuteront entre elles les lettres ($a_{0,0,0}$, ..., $a_{0,y,0}$). Puis au moins deux faisceaux F''_1, F''_2, permutant entre elles les diverses lettres ($a_{0,0,0}$, ..., $a_{0,0,z}$).

Je combine d'une part les faisceaux

$$F_1, \quad F'_1, \quad F''_1,$$

d'autre part les faisceaux

$$F_2, \quad F'_2, \quad F''_2;$$

les deux faisceaux résultants φ_1 et φ_2 seront tels, que chacune de leurs substitutions soit échangeable à celles de S, et à celles de l'autre faisceau. En effet, les substitutions F_2 sont échangeables aux substitutions F_1, puisqu'elles appartiennent à des systèmes différents, et il résulte de la discussion du cas précédent qu'elles sont échangeables aux substitutions F'_1, F''_1, lors même qu'elles feraient partie du même système.

Mais chacun des faisceaux φ_1 et φ_2 amène $a_{0,0,0}$ à la place de toutes les lettres $a_{x,y,z}$. On conclut, comme dans le cas précédent, que les substitutions qui, dans les trois faisceaux échangeables S, φ_1, φ_2, amènent la lettre $a_{0,0,0}$ à la place des lettres communes

$$a_{0,0,0} \;\ldots\; a_{x,0,0} \;\ldots\; a_{\alpha,\beta,\gamma}$$

sont échangeables entre elles.

Cette longue démonstration est enfin terminée, et je puis énoncer le théorème suivant :

Théorème I. Les substitutions Σ qui n'ébranlent que μ groupes sont toutes échangeables entre elles.

On conclut de là cette première conséquence :

Théorème II. Le nombre des lettres du groupe est une puissance d'un nombre premier.

Parmi les substitutions Σ, j'en considère une, σ, dont l'ordre soit premier $= n$. Je forme les substitutions

$$\sigma, \quad P\sigma P^{-1}, \quad Q\sigma Q^{-1}, \ldots,$$

où P, Q,... sont toutes les substitutions du système total.

Toutes ces nouvelles substitutions ébranleront μ groupes seulement, de même que σ : donc elles seront échangeables entre elles. Elles sont toutes d'ordre n : enfin le système de ces substitutions doit amener une lettre a à la place de toutes celles du groupe : sans quoi il existerait un groupe, formé seulement des lettres à la place desquelles a peut être amené, et qui contiendrait moins de lettres que le groupe primitif : et ce dernier a été choisi de telle sorte que cela n'eût pas lieu.

Il reste à démontrer que le nombre des lettres auxquelles le système des substitutions

$$\sigma, \quad P\sigma P^{-1}, \ldots$$

et de leurs dérivées fait succéder a est une puissance de $n = n^q$. Pour plus de simplicité dans la notation, je représenterai les lettres du groupe par le symbole $a_{x,y,z}\ldots$ où les indices, en nombre q, varient chacun de 0 à $n-1$, notation qui suppose implicitement le théorème démontré : mais on reconnaîtra que cette pétition de principe existe seulement dans l'écriture, et nullement dans la démonstration.

Je ne considère les substitutions.

$$\sigma, \quad P\sigma P^{-1}$$

qu'en tant qu'elles déplacent les lettres du groupe considéré : je me borne donc aux cycles de ces substitutions qui renferment ces lettres.

La substitution σ, d'ordre n, pourra être écrite ainsi

$$\left| \begin{matrix} a_{x}, & y, z \ldots \\ a_{x+1}, & y, z \ldots \end{matrix} \right|,$$

car les indices correspondant à chaque lettre étant arbitraires, on pourra toujours faire en sorte que ce soit là l'expression de σ (qui déplace toutes les lettres).

Si on effectue plusieurs fois cette substitution, on aura des substitutions dérivées

$$\sigma, \quad \sigma^2, \ldots, \quad \sigma^{\alpha}, \ldots,$$

dont l'expression générale sera

$$\left| \begin{matrix} x, & y, z \\ x+\alpha, & y, z \end{matrix} \right|.$$

Soit σ' une nouvelle substitution de la série

$$\sigma, \quad P\sigma P^{-1}, \quad Q\sigma Q^{-1}, \ldots$$

non comprise dans les précédentes. La lettre a_{x_0, y_0, z_0} y fera partie d'un groupe de n lettres, qui se succéderont dans l'ordre suivant

$$(a_{x_0, y_0, z_0}, a_{x_1, y_1, z_1}, a_{x_2, y_2, z_2}, \ldots).$$

Il n'est pas permis de supposer que parmi ces n lettres il y en ait deux appartenant au système des lettres

$$(a_{x, y_0, z_0}, a_{x+1, y_0, z_0}, \ldots a_{x+n-1, y_0, z_0}).$$

Car si l'on avait, par exemple,

$$y_\alpha = y_0, \quad z_\alpha = z_0, \quad x_\alpha = x_0 + \beta,$$

la substitution σ'^{α} remplacerait la lettre a_{x_0, y_0, z_0} par la lettre $a_{x_0+\beta, y_0, z_0}$. La substitution σ^β produit le même effet. Donc $\sigma'^{\alpha}\, \sigma^{-\beta}$ ramène a_{x_0, y_0, z_0} à sa place. Donc elle ramène toutes les lettres à leur place, puisqu'il n'est pas de substitutions parmi celles que l'on considère, qui déplace une partie seulement des lettres du groupe.

Donc

$$\sigma'^{\alpha} = \sigma^{\beta},$$
$$\sigma'^{2\alpha} = \sigma^{2\beta} \ldots,$$

n étant premier, on pourra toujours trouver un nombre k tel, que

$$k\alpha \equiv 1 \mod n;$$

on aura donc

$$\sigma' = \sigma'^{k\alpha} = \sigma^{k\beta},$$

ce qui est contraire à l'hypothèse.

Donc les lettres

$$a_{x_0, y_0, z_0}, \ldots \; a_{x_\alpha y_\alpha z_\alpha}, \ldots,$$

qui forment un cycle de σ', appartiendront à n cycles différents de σ. Et si l'on détermine convenablement ce qui reste encore d'arbitraire dans la correspondance des lettres et des indices qui les représentent, on pourra faire que ces lettres soient les suivantes :

$$(a_{x_0, y_0, z_0}, \ldots \; a_{x_0, y_0+1, z_0}, \ldots \; a_{x_0, y_0+\alpha, z_0}, \ldots).$$

Cela posé, les substitutions $\sigma\sigma'$ et $\sigma'\sigma$ sont identiques : or la seconde remplace a_{x_0,y_0,z_0} par a_{x_0,y_0+1,z_0} d'abord, puis par a_{x_0+1,y_0+1,z_0} ; la première remplace cette même lettre d'abord par a_{x_0+1,y_0,z_0}, puis par la lettre qui succède à celle-ci dans σ' : cette dernière lettre sera donc a_{x_0+1,y_0+1,z_0} . . . : on voit donc que les lettres

$$(a_{x_0+1,y_0,z_0},\ a_{x_0+1,y_0+1,z_0},\ a_{x_0+1,y_0+n,z_0})$$

formeront un nouveau cycle de σ'. Les lettres a_{x_0+2,y,z_0}, où y varie, formeront encore un cycle analogue : donc dans σ' toute lettre a_{x,y,z_0} sera remplacée par une lettre $a_{x,y+1,z_0}$. On pourra de même choisir les notations encore arbitraires de telle sorte que chaque lettre a_{x,y,z_1} soit remplacée par $a_{x,y+1,z_1}$ etc. Enfin, quels que soient x, y, z, la substitution σ' remplacera $a_{x,y,z}$ par $a_{x,y+1,z}$.

L'expression de la substitution σ' sera donc

$$\sigma' = \begin{vmatrix} x & y & z \\ x & y+1, & z \end{vmatrix}.$$

En combinant entre elles les puissances de σ' et celles de σ, on aura un système conjugué de n^2 substitutions, représentées par le symbole général

$$\begin{vmatrix} x & y & z, \\ x+\alpha & y+\alpha', & z \end{vmatrix},$$

où α et α' sont deux constantes qui prennent chacune, dans ces diverses substitutions, la série des valeurs $0, 1, \ldots, n-1$.

On verra de même qu'une troisième substitution σ'', différente des précédentes, devra nécessairement permuter entre elles n lettres, dont deux quelconques ne puissent être amenées à se remplacer l'une l'autre par les substitutions dérivées de σ et σ'. Et l'on verra que cette substitution peut être représentée par le symbole

$$\sigma'' = \begin{vmatrix} x & y & z & \ldots \\ x & y & z+1 & \ldots \end{vmatrix}.$$

Les substitutions dérivées de σ, σ', σ'' seront au nombre de n^3 et représentées par le symbole

$$\begin{vmatrix} x & y & z & \ldots \\ x+\alpha & y+\alpha' & z+\alpha'' & \ldots \end{vmatrix}.$$

Le nombre des lettres qu'elles permutent entre elles est également n^3.

En continuant ainsi, on voit que le nombre des lettres du groupe est effectivement égal à n^q, ce qui était le théorème à démontrer : et l'on a établi du même coup cet autre théorème :

Théorème III. Celles des substitutions Σ qui permutent entre elles les lettres $a_{x,y,z}\ldots$ d'un même groupe, leur font subir des déplacements représentés par le symbole

$$\left| \begin{matrix} x & y & z\ldots \\ x+\alpha, & y+\alpha', & z+\alpha'' \end{matrix} \right|,$$

$\alpha, \alpha', \alpha''$ étant des constantes, qui varient d'une substitution à l'autre.

Le nombre des lettres du groupe est une puissance p du nombre m des lettres du sous-groupe : ce dernier nombre sera donc lui-même une puissance de $n = n^r$, r étant un diviseur de q tel, que $pr = q$. De plus, on voit aisément qu'on peut admettre, en faisant un choix de notations convenables, que les lettres d'un même sous-groupe s'obtiennent par la variation de r indices, les autres restant constants. De telle sorte que les q indices $x, y, z, \ldots$ se divisent en séries de r indices chacune

$$x, y\ldots \quad x' y' \ldots \quad x'' y'' \ldots$$

On obtiendra ainsi un sous-groupe en faisant varier les indices de la première série, $x, y\ldots$ et laissant constants ceux de la seconde série $x' y' \ldots$, de la troisième série $x'' y'' \ldots$, etc. En faisant ensuite varier ces indices constants, on obtiendra les divers sous-groupes de cette décomposition. Une seconde décomposition s'obtiendra en faisant varier d'abord les indices $x' y' \ldots$ pour obtenir les lettres d'un sous-groupe, puis les indices $x y \ldots$ $x'' y'' \ldots$ pour passer d'un sous-groupe à l'autre, etc.

On peut maintenant déterminer aisément la forme générale des substitutions de deuxième espèce. Mais auparavant il faut rétablir l'indice i qui sert à passer d'un groupe à l'autre. Les substitutions Σ auront pour symbole général

$$\left| \begin{matrix} i & x & y & \ldots & x' & y' \ldots x'' y'' \\ i & x+\alpha & y+\alpha' & \ldots & x'+\alpha_1 & \ldots\ldots\ldots \end{matrix} \right|,$$

où les constantes $\alpha, \alpha', \ldots$, qui ne sont pas nécessairement les mêmes pour chaque groupe dans la même substitution, pourront être considérées comme des fonctions de i.

Toute substitution de seconde espèce sera de la forme

$$B = \left| \begin{matrix} i & x & y & \ldots & x' & y' & \ldots \\ i\varphi(x,y\ldots i), & \psi(x,y\ldots i)\ldots & \varphi'(x',y'\ldots i), & \psi'(x',y'\ldots i)\ldots \end{matrix} \right|$$ page (52).

Mais elle doit être échangeable aux substitutions Σ que je viens d'écrire. Je vais démontrer que l'on peut déduire de ces conditions

$$\begin{aligned}
\varphi(x,y\ldots i) &= \alpha x + \beta y + \ldots + \delta,\\
\psi(x,y,\ i) &= \alpha' x + \beta' y + \ldots + \delta',\\
&\ldots\ldots\ldots\ldots\ldots\ldots\\
\varphi'(x',y'\ldots i) &= \alpha_1 x' + \beta_1 y' + \ldots + \delta_1,\\
&\ldots\ldots\ldots\ldots\ldots\ldots,
\end{aligned}$$

les coefficients $\alpha, \beta, \ldots, \delta, \alpha', \beta', \ldots, \delta' \ldots, \alpha_1$, etc., étant des fonctions de i seulement.

Pour cela, il suffit évidemment de faire voir que pour une valeur quelconque de i, i_0 par exemple,

$$\varphi(x,y,i),\quad \psi(x,y,i),\ldots$$

sont linéaires en $x, y, \ldots$

Il existe une substitution Σ où les lettres i_0, $x, y, \ldots, x', y' \ldots$ sont respectivement remplacées par les lettres i_0; $x+1, y, \ldots, x', \ldots$, etc. Soit A cette substitution :

$$A = \begin{vmatrix} i_0 & x & y\ldots x' & y'\ldots \\ i_0 & x+1, & y\ldots x', & y', \ldots, \end{vmatrix}.$$

La substitution $B^{-1}AB$ est une des substitutions Σ.

Donc les cycles qui permutent entre elles les lettres du groupe i_0 seront de la forme

$$B^{-1}AB = C = \begin{vmatrix} i_0 & x & y\ldots & x' & y' \\ i_0 & x+\alpha & y+\alpha'\ldots & x'+\alpha_1 & \ldots \end{vmatrix}$$

$\alpha, \alpha', \ldots$, étant des constantes.

Mais en formant la substitution $B^{-1}AB$ d'après la règle connue, il vient pour les cycles de cette substitution qui permutent ces mêmes lettres entre elles :

$$B^{-1}AB = \begin{vmatrix} i_0, & \varphi(x, y, \ldots, i_0), & \psi(x, y, \ldots, i_0), & \ldots \\ i_0, & \varphi(x+1, y, \ldots, i_0), & \psi(x+1, y, \ldots, i_0), & \ldots \end{vmatrix}.$$

Il faut donc que l'on ait

$$\begin{aligned}
\varphi(x+1, y, \ldots, i_0) &= \varphi(x, y, \ldots, i_0) + \alpha,\\
\psi(x+1, y, \ldots, i_0) &= \psi(x, y, \ldots, i_0) + \alpha',\\
&\ldots\ldots\ldots\ldots\ldots\ldots;
\end{aligned}$$

d'où l'on déduit

$$\varphi(x, y, \ldots, i_0) = ax + \varphi_1(y, \ldots, i_0),$$
$$\psi(x, y, \ldots, i_0) = a'x + \psi_1(y, \ldots, i_0).$$
$$\ldots\ldots\ldots\ldots\ldots\ldots$$

On verra de même que $\varphi_1(y, \ldots, i_0)$, $\psi_1(y, \ldots, i_0)$, ... seront formés d'un terme linéaire en y et d'une nouvelle fonction indépendante de y.

Le théorème suivant est donc démontré.

Théorème IV. Le nombre des lettres de chaque sous-groupe est n^r. En les distinguant par r indices, chaque substitution de seconde espèce remplacera les r indices $x, y, \ldots$ par r nouveaux indices $x_1, y_1, \ldots$, liés aux premiers par des équations linéaires

$$x_1 = \alpha x + \beta y + \ldots + \delta,$$
$$y_1 = \alpha' x + \beta' y + \ldots + \delta',$$

dont les coefficients ne dépendent que de i.

On démontrera de même cet autre théorème :

Théorème V. Soit

$$\begin{vmatrix} i & x & y & \ldots & x' & y' & \ldots & x'' & \ldots \\ I & X & Y & \ldots & X' & Y' & \ldots & X'' & \ldots \end{vmatrix}$$

une substitution quelconque du système proposé :

X, Y, ..., seront liés à $x, y, \ldots, x', \ldots$ par un groupe d'équations linéaires dont les coefficients ne dépendent que de i.

Cela résulte en effet de ce que la substitution considérée D est permutable au système des substitutions Σ : en particulier la substitution

$$D^{-1}AD$$

sera une de celles de Σ : et ses substitutions seront de la forme

$$\begin{vmatrix} I & x & y & \ldots & x' & \ldots \\ I & x+a & y+a' & \ldots & x'+a_1 & \ldots \end{vmatrix},$$

ce qui montre que, lorsque x se change en $x+1$, X, Y, ..., X', ... augmentent chacun de quantités constantes $a, a', \ldots, a_1$. Donc

$$X = ax + \text{des termes indépendants de } x,$$
$$Y = a'x + \ldots\ldots\ldots\ldots,$$
$$\ldots\ldots\ldots\ldots\ldots\ldots,$$
$$X' = a_1 x + \ldots\ldots\ldots\ldots$$

D'ailleurs les coefficients constants $a, a', \ldots, a_i$ dépendent de i. On achèvera sans peine la démonstration.

Je me propose maintenant de déterminer, d'après la méthode indiquée à la page 51, une limite supérieure du nombre des substitutions du système total.

Pour cela, je reprends la forme générale des substitutions de seconde espèce, donnée par le théorème IV. Soit N le nombre des systèmes de valeurs distincts qu'on peut donner dans cette relation aux coefficients $\alpha, \beta, \ldots, \delta, \alpha', \beta', \ldots, \delta', \ldots$, supposés constants. On pourra admettre que ces coefficients soient des fonctions de i susceptibles de prendre chacun de ces systèmes de valeurs pour chaque valeur de i, indépendamment des valeurs qu'elles prennent pour les autres valeurs de i. Cela fera N^k manières distinctes de choisir les indices $x_1, y_1, \ldots$, qui remplacent les indices $x, y, \ldots$ (k étant le nombre des valeurs de i). Il existera de même N^k manières distinctes de choisir les indices $x'_1, y'_1, \ldots$, qui succèdent aux indices $x', y', \ldots$. En tout, cela fera N^{pk} manières de choisir de nouveaux indices $x_1, y_1, \ldots, x'_1, \ldots$ pour succéder aux indices $x, y, \ldots$.

Si A et B sont deux semblables substitutions, AB en sera une évidemment ; car B remplacera $x_1, y_1, \ldots, x'_1$ par des indices $x_2, y_2, \ldots, x'_2$ liés aux précédents par des équations linéaires, et ces nouveaux indices seront liés aux $x, y, \ldots, x', \ldots$ par des équations linéaires aussi. Donc les N^{pk} substitutions obtenues dans cette hypothèse forment un système conjugué. D'ailleurs ce système contient évidemment toutes les substitutions de seconde espèce. Donc le nombre de ces substitutions divise N^{pk}.

Le nombre total des substitutions du système primitif divisera donc $N^{pk}.1.2\ldots k$.

La détermination du nombre N présente par conséquent un grand intérêt ; elle fait l'objet du chapitre suivant.

CHAPITRE V.

NOMBRE DES SUBSTITUTIONS LINÉAIRES.

Je repreuds l'énoncé du problème à résoudre :

Soient n^r lettres, distinguées les unes des autres par r indices, variant chacun de o à $n-1$. Trouver le nombre des substitutions distinctes qui remplacent la lettre dont les indices sont $x, y, z, \ldots$ par une autre dont les indices soient respectivement $x_1, y_1, z_1, \ldots$, liés à x, y, z par un système d'équations linéaires

$$\left|\begin{array}{l} x_1 \equiv \alpha x + \beta y + \gamma z + \ldots + d \\ y_1 \equiv \alpha' x + \beta' y + \gamma' z + \ldots + d' \\ z_1 \equiv \alpha'' x + \beta'' y + \gamma'' z + \ldots + d'' \\ \ldots\ldots\ldots\ldots\ldots\ldots\ldots\ldots \end{array}\right| \bmod n.$$

Les constantes $\alpha, \beta, \gamma, \ldots$ prendront, dans ces diverses substitutions, des valeurs constamment comprises entre o et $n-1$. Mais tous les systèmes de pareilles valeurs ne sont pas admissibles ; car, dans toute substitution, il est nécessaire qu'une lettre donnée $x_1, y_1, z_1, \ldots$ remplace une lettre $x, y, z, \ldots$, et une seule. Ces équations doivent donc être telles, que $x_1, y_1, z_1, \ldots$ étant donnés, x, y, z se trouvent déterminés sans ambiguïté ni impossibilité, ce qui exige que le déterminant

$$\left|\begin{array}{l} \alpha\ \beta\ \gamma \ldots \\ \alpha'\beta'\gamma' \ldots \\ \alpha''\beta''\gamma'' \ldots \\ \ldots\ldots\ldots \end{array}\right| \gtrless 0 \quad \bmod n.$$

D'ailleurs $d, d', d'', \ldots$ peuvent prendre des valeurs quelconques entre o et $n-1$; ce qui donne pour ces lettres n^r systèmes de valeurs.

Le nombre cherché N sera donc égal à $n^r.\mathrm{P}$, P étant le nombre des systèmes de valeurs des coefficients $\alpha, \beta, \gamma, \ldots, \alpha', \ldots$, qui n'annulent pas le déterminant par rapport au module n.

Ier Cas, $r=1$. En ce cas, le déterminant se réduit à α, qui peut prendre $n-1$ valeurs différentes de o mod n.

IIe Cas, $r = 2$. Le déterminant devient

$$\begin{vmatrix} \alpha & \beta \\ \alpha' & \beta' \end{vmatrix} = \alpha\beta' - \alpha'\beta.$$

On peut se donner arbitrairement β et β'. Si tous deux sont nuls, le déterminant s'annulera, quels que soient α et α' ; ce qui donne n^2 manières d'annuler le déterminant.

Les systèmes de valeurs de β et β', autres que o, o, sont au nombre de $n^2 - 1$. Je prends l'un d'eux, où β', par exemple, ne soit pas nul. On pourra prendre arbitrairement α' de n manières différentes, et pour chacune de ces valeurs, on aura une seule valeur de α annulant le déterminant, ce qui donnera $(n^2 - 1)n$ systèmes de valeurs nouveaux annulant le déterminant.

Il existe donc en tout $n^2 + (n^2 - 1)n$ systèmes des coefficients qui annulent le déterminant. Le nombre total des systèmes de valeurs est n^4. Donc le nombre des systèmes qui n'annulent pas le déterminant sera

$$n^4 - n^2 - (n^2 - 1)n = n(n-1)(n^2 - 1).$$

Une discussion analogue dans le cas où $r = 3$ conduit à la formule

$$P = n^3(n-1)(n^2 - 1)(n^3 - 1).$$

On conclut par induction que pour une valeur quelconque de r

$$P = n^{\frac{r(r-1)}{2}}(n-1)(n^2-1)\ldots(n^r-1).$$

IIIe Cas. Pour démontrer commodément la justesse de cette induction, je prends le cas où $r = 5$. On verra que les raisonnements sont parfaitement généraux.

Le déterminant sera

$$\begin{vmatrix} \alpha & \beta & \gamma & \delta & \varepsilon \\ \alpha' & \beta' & \gamma' & \delta' & \varepsilon' \\ \alpha'' & \beta'' & \gamma'' & \delta'' & \varepsilon'' \\ \alpha^3 & \beta^3 & \gamma^3 & \delta^3 & \varepsilon^3 \\ \alpha^4 & \beta^4 & \gamma^4 & \delta^4 & \varepsilon^4 \end{vmatrix}.$$

Il peut se développer ainsi :

$$\alpha \begin{vmatrix} \beta' & \gamma' & \delta' & \varepsilon' \\ \beta'' & \gamma'' & \delta'' & \varepsilon'' \\ \beta^3 & \gamma^3 & \delta^3 & \varepsilon^3 \\ \beta^4 & \gamma^4 & \delta^4 & \varepsilon^4 \end{vmatrix} + \alpha' \begin{vmatrix} \beta'' & \gamma'' & \delta'' & \varepsilon'' \\ \beta^3 & \gamma^3 & \delta^3 & \varepsilon^3 \\ \beta^4 & \gamma^4 & \delta^4 & \varepsilon^4 \\ \beta & \gamma & \delta & \varepsilon \end{vmatrix} + \alpha'' \begin{vmatrix} \ldots\ldots \\ \ldots\ldots \\ \ldots\ldots \\ \ldots\ldots \end{vmatrix} + \alpha^3 \begin{vmatrix} \ldots\ldots \\ \ldots\ldots \\ \ldots\ldots \\ \ldots\ldots \end{vmatrix} + \alpha^4 \begin{vmatrix} \ldots\ldots \\ \ldots\ldots \\ \ldots\ldots \\ \ldots\ldots \end{vmatrix}.$$

Donnons successivement aux coefficients $\beta\beta', \ldots, \gamma\gamma', \ldots, \delta, \ldots, \varepsilon, \ldots, \varepsilon^4$ tous les systèmes de valeurs, au nombre de $n^{5.4}$, qu'on peut leur donner. Soit z le nombre de ces systèmes de valeurs qui annulent simultanément tous les déterminants mineurs de premier ordre qui servent de coefficients aux lettres $\alpha, \alpha', \alpha'', \alpha^3, \alpha^4$ dans le développement.

A chacun de ces z systèmes on pourra joindre des valeurs arbitraires de $\alpha, \alpha', \ldots, \alpha^4$, en nombre n^5, et l'on aura $n^5.z$ manières d'annuler le déterminant.

Les systèmes de valeurs des $\beta, \ldots, \gamma, \ldots, \delta, \ldots, \varepsilon, \ldots$ qui n'annulent pas simultanément tous les déterminants mineurs sont au nombre de $n^{5.4} - z$. Je prends l'un d'eux, qui n'annule pas le coefficient de α, par exemple. Je pourrai me donner arbitrairement $\alpha', \alpha'', \alpha^3, \alpha^4$, et déterminer ensuite α sans ambiguïté de manière à annuler le déterminant total. A chacun de ces $n^{5.4} - z$ systèmes de valeurs correspondront ainsi n^4 manières d'annuler le déterminant.

Il y a donc en tout $n^5 z + n^4 (n^{5.4} - z)$ manières d'annuler le déterminant : par suite, le nombre des manières de ne pas l'annuler, P, sera

$$n^{5.5} - n^5 z - n^4 (n^{5.4} - z) = n^4.(n-1)(n^{5.4} - z).$$

Cherchons maintenant la valeur de z.

Les $\beta\beta' \ldots \gamma \ldots \delta, \ldots, \varepsilon \ldots$ sont liés entre eux par cinq équations de condition

$$\left.\begin{array}{l}
\begin{vmatrix} \beta' & \gamma' & \delta' & \varepsilon' \\ \beta'' & \gamma'' & \delta'' & \varepsilon'' \\ \beta''' & \gamma''' & \delta''' & \varepsilon''' \\ \beta^4 & \gamma^4 & \delta^4 & \varepsilon^4 \end{vmatrix} \equiv 0 \quad
\begin{vmatrix} \beta'' & \gamma'' & \delta'' & \varepsilon'' \\ \beta^3 & \gamma^3 & \delta^3 & \varepsilon^3 \\ \beta^4 & \gamma^4 & \delta^4 & \varepsilon^4 \\ \beta & \gamma & \delta & \varepsilon \end{vmatrix} \equiv 0 \quad
\begin{vmatrix} \beta^3 & \gamma^3 & \delta^3 & \varepsilon^3 \\ \beta^4 & \delta^4 & \gamma^4 & \varepsilon^4 \\ \beta & \gamma & \delta & \varepsilon \\ \beta' & \gamma' & \delta' & \varepsilon' \end{vmatrix} \equiv 0 \\
\qquad\qquad\qquad\quad
\begin{vmatrix} \beta^4 & \gamma^4 & \delta^4 & \varepsilon^4 \\ \beta & \gamma & \delta & \varepsilon \\ \beta' & \gamma' & \delta' & \varepsilon' \\ \beta'' & \gamma'' & \delta'' & \varepsilon'' \end{vmatrix} \equiv 0 \quad
\begin{vmatrix} \beta & \gamma & \delta & \varepsilon \\ \beta' & \gamma' & \delta' & \varepsilon' \\ \beta'' & \gamma'' & \delta'' & \varepsilon'' \\ \beta^3 & \gamma^3 & \delta^3 & \varepsilon^3 \end{vmatrix} \equiv 0
\end{array}\right\} \bmod n.$$

On se donnera arb[illegible]ment les $\gamma \ldots \delta \ldots \varepsilon \ldots$ et ces cinq équations détermineraient les β. Mais on voit aisément que ces cinq équations ne sont pas distinctes : car elles expriment à elles cinq seulement ceci :

Étant donnés trois quelconques P, P′, P″, des cinq polynômes

$$\begin{aligned}&\beta x+\gamma y+\delta z+\varepsilon u,\\&\beta' x+\gamma' y+\delta' z+\varepsilon' u,\\&\beta'' x+\gamma'' y+\delta'' z+\varepsilon'' u,\\&\beta^3 x+\gamma^3 y+\delta^3 z+\varepsilon^3 u,\\&\beta^4 x+\gamma^4 y+\delta^4 z+\varepsilon^4 u,\end{aligned}$$

les deux autres pourront être mis sous la forme

$$\begin{aligned}&\lambda\ P+\lambda' P'+\lambda'' P'',\\&\lambda_1 P+\lambda'_1 P'+\lambda''_1 P''.\end{aligned}$$

Or si le quatrième polynôme $\beta^3\ x+\ldots$ peut être ainsi exprimé en fonction des trois premiers, réciproquement le troisième pourra être exprimé ainsi par le premier, le second et le quatrième : donc ces conditions se réduisent en général à deux distinctes. Mais on conçoit que pour certains systèmes de valeurs des lettres $\gamma\ldots\delta\ldots\varepsilon$, le nombre des équations distinctes auxquelles les β doivent satisfaire s'abaisse au-dessous de deux.

Je vais maintenant démontrer que le nombre des équations auxquelles les β doivent satisfaire ne peut être moindre que deux, à moins que tous les déterminants mineurs du second ordre, entre les lettres $\gamma\ldots\delta\ldots\varepsilon$, ne soient nuls : auquel cas les équations sont identiquement nulles, quels que soient les β.

Ainsi les déterminants suivants :

$$\begin{vmatrix}\gamma' & \delta' & \varepsilon'\\ \gamma'' & \delta'' & \varepsilon''\\ \gamma^3 & \delta^3 & \varepsilon^3\end{vmatrix}\ \ldots\ \begin{vmatrix}\gamma' & \delta' & \varepsilon'\\ \gamma & \delta & \varepsilon\\ \gamma'' & \delta'' & \varepsilon''\end{vmatrix}\ \ldots$$

devront s'annuler. Je vais le démontrer pour l'un d'eux, le premier par exemple.

La première des cinq équations entre les β, développée suivant les β, pourra s'écrire ainsi

$$\begin{vmatrix}\gamma' & \delta' & \varepsilon'\\ \gamma'' & \delta'' & \varepsilon''\\ \gamma''' & \delta''' & \varepsilon'''\end{vmatrix}\ \beta^4+\mathrm{M}\beta'+\mathrm{N}\beta''+\mathrm{P}\beta'''\equiv 0.$$

La cinquième pourra s'écrire :

$$\begin{vmatrix} \gamma & \delta' & \varepsilon' \\ \gamma'' & \delta'' & \varepsilon'' \\ \gamma''' & \delta''' & \varepsilon''' \end{vmatrix} \beta + M_1 \beta' + N_1 \beta'' + P_1 \beta''' \equiv 0.$$

Et l'on voit que si $\begin{vmatrix} \gamma & \delta' & \varepsilon' \\ \gamma'' & \delta'' & \varepsilon'' \\ \gamma''' & \delta''' & \varepsilon''' \end{vmatrix}$ n'est pas nul, ces deux équations seront distinctes, et détermineront l'une β^4, l'autre β, en fonction de $\beta' \beta'' \beta'''$ et des $\gamma \ldots \delta \ldots \varepsilon, \ldots$, choisis arbitrairement.

On verrait la même chose pour un déterminant mineur quelconque, autre que celui-ci.

Ainsi l'on n'aura à considérer que deux classes de systèmes de valeurs des $\gamma \ldots \delta \ldots \varepsilon \ldots$.

1°. Ceux qui annuleront identiquement tous les déterminants mineurs du second ordre. Soit x leur nombre. On pourra prendre des valeurs arbitraires de β, β', β'', β''', β^4, sans cesser d'annuler les déterminants du premier ordre. On aura ainsi $n^5 x$ manières de satisfaire à ces cinq équations.

2°. Ceux qui n'annuleront pas tous les déterminants mineurs du second ordre : leur nombre sera $n^{5.3} - x$; pour chacun d'eux on pourra prendre arbitrairement trois des lettres β, les deux autres étant par là même déterminées : on aura ainsi $n^3 (n^{5.3} - x)$ manières d'annuler les cinq déterminants mineurs du premier ordre. On aura donc au total

$$\begin{aligned} z &= n^5 x + n^3 (n^{5.3} - x), \\ n^{5.4} - z &= n^{5.4} - n^5 x - n^3 (n^{5.3} - x) \\ &= n^3 . (n^2 - 1)(n^{5.3} - x), \\ P &= n^{4+3} . (n - 1)(n^2 - 1)(n^{5.3} - x). \end{aligned}$$

Le calcul de x se fera comme tout à l'heure celui de z. Je remarque que les équations de condition nombreuses qu'on obtient en égalant à zéro tous les déterminants mineurs du second ordre, se réduisent en général à trois distinctes, exprimant que sur les cinq polynômes

$$\begin{aligned} &\gamma\, x + \delta\, y + \varepsilon\, z, \\ &\gamma' x + \delta' y + \varepsilon' z, \\ &\gamma'' x + \delta'' y + \varepsilon'' z, \\ &\gamma''' x + \delta''' y + \varepsilon''' z, \\ &\gamma^4 x + \delta^4 y + \varepsilon^4 z, \end{aligned}$$

trois quelconques peuvent s'exprimer en fonction des autres de la manière suivante :

$$\lambda P + \lambda' P', \quad \lambda_1 P + \lambda_1' P', \quad \lambda_2 P + \lambda_2' P'.$$

Mais ces trois équations seront toujours distinctes et détermineront trois des coefficients γ, à moins que tous les déterminants mineurs du troisième ordre entre les δ et les ε ne soient nuls, auquel cas les équations sont identiquement satisfaites quelles que soient les valeurs des γ.

Je suppose en effet que le déterminant $\begin{vmatrix} \delta & \varepsilon \\ \delta'' & \varepsilon'' \end{vmatrix}$ ne soit pas nul. Je considère parmi les équations aux γ les trois suivantes :

$$\begin{vmatrix} \gamma & \delta & \varepsilon \\ \gamma'' & \delta'' & \varepsilon'' \\ \gamma' & \delta' & \varepsilon' \end{vmatrix} \equiv 0 \quad \begin{vmatrix} \gamma & \delta & \varepsilon \\ \gamma'' & \delta'' & \varepsilon'' \\ \gamma^3 & \delta^3 & \varepsilon^3 \end{vmatrix} \equiv 0 \quad \begin{vmatrix} \gamma & \delta & \varepsilon \\ \gamma'' & \delta'' & \varepsilon'' \\ \gamma^4 & \delta^4 & \varepsilon^4 \end{vmatrix} \equiv 0.$$

L'une de ces équations contient γ', l'autre γ^3, l'autre γ^4. Et le coefficient qui dans ces équations multiplie ces inconnues, est précisément $\begin{vmatrix} \delta & \varepsilon \\ \delta'' & \varepsilon'' \end{vmatrix}$ qu'on a supposé différent de zéro. Donc ces trois équations sont distinctes et déterminent l'une γ', l'autre γ^3, l'autre γ^4.

Soit y le nombre des valeurs des coefficients $\delta \ldots \varepsilon \ldots$ qui annulent tous les déterminants mineurs de troisième ordre. On aura

$$\begin{aligned} x &= n^2 y + n^3 (n^{5.2} - y), \\ P &= n^{4+3}(n-1)(n^2-1)\left[n^{5.2} - n^5 y - n^6 (n^{5.2} - y)\right] \\ &= n^{4+3+2}(n-1)(n^2-1)(n^3-1)\left[n^{5.2} - y\right]. \end{aligned}$$

On verra, comme précédemment, que les équations

$$\begin{vmatrix} \delta & \varepsilon \\ \delta' & \varepsilon' \end{vmatrix} \equiv 0 \qquad \begin{vmatrix} \delta & \varepsilon \\ \delta'' & \varepsilon'' \end{vmatrix} \equiv 0 \ldots$$

se réduisent à quatre distinctes, sauf le cas unique où

$$\varepsilon = \varepsilon' = \varepsilon'' = \varepsilon''' = \varepsilon^4 = 0,$$

auquel cas elles sont identiques.

On aura donc

$$y = n^5 + n(n^5 - 1),$$

d'où

$$P = n^{4+3+2+1}(n-1)(n^2-1)(n^3-1)(n^4-1)(n^5-1),$$

et comme $4+3+2+1 = \frac{5.(5-1)}{2}$, la formule se trouve démontrée.

On en conclut le théorème suivant :

Théorème. Dans le troisième cas du chapitre IV, le nombre des substitutions sera nécessairement un diviseur de l'expression

$$1.2\ldots k\left[n^{\frac{r(r+1)}{2}}(n-1)(n^2-1)\ldots(n^r-1)\right]^{pk}.$$

Remarque. Le nombre des systèmes de valeurs qui donnent au déterminant une valeur donnée mod. n, est évidemment le même, quelle que soit cette valeur, pourvu qu'elle ne soit pas nulle. Si on ne prenait pour α... etc., que les valeurs qui rendent le déterminant congru à quelqu'une des puissances d'un nombre donné a par rapport au module n, on n'aurait donc plus qu'un nombre de systèmes de valeurs α... égal à $n^{\frac{r(r+1)}{2}}\theta.(n^2-1)\ldots(n^r-1)$, θ étant un diviseur de $n-1$, qu'on sait pouvoir être quelconque. On pourrait former ainsi un système de substitutions, ayant non plus

$$1.2\ldots k\left[n^{\frac{r(r+1)}{2}}.(n-1)(n^2-1)\ldots(n^r-1)\right]^{pk},$$

mais

$$1.2\ldots k\left[n^{\frac{r(r+1)}{2}}\theta.(n^2-1)\ldots(n^r-1)\right]^{pk}$$

substitutions distinctes.

Vu et approuvé,

Le 7 Avril 1860,

Le Doyen de la Faculté des Sciences,

MILNE EDWARDS.

Permis d'imprimer,

Le 7 Avril 1860.

Le Vice-Recteur de l'Académie de Paris,

ARTAUD.

THÈSE DE CALCUL INTÉGRAL.

DES PÉRIODES DES FONCTIONS INVERSES DES INTÉGRALES DES DIFFÉRENTIELLES ALGÉBRIQUES.

Préliminaires.

L'une des applications les plus importantes de la théorie des variables imaginaires est la détermination des périodes des fonctions inverses des intégrales algébriques. Les principes de cette détermination se trouvent épars dans les œuvres de M. Cauchy : mais c'est un Mémoire de M. Puiseux qui en a fait pour la première fois un corps de doctrine.

Ce Mémoire, inséré dans le t. XV du *Journal* de M. Liouville, et dont la suite fait partie du t. XVI, est fort connu des géomètres : aussi me bornerai-je au simple énoncé des propositions qu'il renferme, sauf à reprendre plus spécialement les démonstrations qui ont une liaison plus intime avec le présent travail.

Le premier Mémoire est divisé en trois parties :

Première partie. Soit y une fonction de x définie par une équation algébrique. L'intégrale $\int_a^b y\,dx$ sera la même le long de deux chemins quelconques allant du point a au point b, pourvu qu'on puisse passer de l'un de ces chemins à l'autre, par des déformations successives, sans franchir aucun point pour lequel l'équation en y acquière des racines égales ou infinies. M. Puiseux établit ensuite la série de Taylor et d'autres formules analogues, dont il trouve les limites de convergence.

Deuxième partie. L'auteur cherche quelle est la loi de variation de la fonction y lorsqu'on suit un contour fermé infiniment petit, renfermant dans son intérieur un point pour lequel plusieurs des valeurs de y deviennent égales. Il démontre généralement que ces racines se partagent en divers groupes tels, que les racines d'un même groupe se permutent circulairement les uns dans les autres, lorsqu'on tourne ainsi autour du point critique. La même chose a lieu lorsqu'on tourne autour des points qui rendent infinies certaines valeurs de y. D'ailleurs, en effectuant sur l'équation en y une transformation convenable, on ramène ce cas au précédent.

Troisième partie. Cela établi, considérons l'intégrale $\int_a^b ydx$. Soient m, m', etc., les divers points critiques. M. Puiseux nomme *contour élémentaire* relatif au point m celui formé par une droite allant de a en un point voisin de m, un cercle décrit autour du point m dans un sens qu'on

Fig. 1.

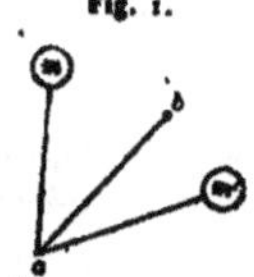

peut se fixer à volonté pour éviter toute confusion (le sens du mouvement des aiguilles d'une montre, par exemple), et enfin la droite primitive parcourue en sens inverse jusqu'au point a. Cela posé, les divers chemins par lesquels on peut aller de a en b peuvent se réduire, par des déformations convenables, à l'ensemble d'un certain nombre de contours élémentaires, décrits successivement, et suivis d'un même trajet rectiligne ab.

Imaginons maintenant qu'en décrivant successivement divers contours élémentaires convenablement choisis, en prenant pour point de départ une des racines, y_1 par exemple, on retombe sur cette racine en revenant au point a. L'intégrale rectiligne suivant ab sera la même que si l'on n'avait pas décrit de contours élémentaires. L'intégrale totale obtenue en décrivant ce système de contours, puis la droite ab, sera donc égale à l'intégrale prise suivant la droite ab, plus une quantité constante C, représentant la valeur de l'intégrale relative au système de contours. Et comme on peut décrire deux, trois fois, etc... le système des contours avant de prendre la ligne ab, il s'ensuit que l'intégrale $\int_a^b ydx$ aura une infinité de valeurs respectivement égales à l'intégrale rectiligne augmentée de C, 2C, 3C, etc;...; C sera donc une période de la fonction inverse.

M. Puiseux se pose ensuite les trois problèmes suivants :

1°. Combien y a-t-il de périodes distinctes pour une équation donnée entre y et x?

2°. Toutes les périodes se retrouvent-elles les mêmes lorsqu'on prend pour point de départ en a, au lieu de la valeur y, une autre valeur telle que y_μ parmi les racines de l'équation en y?

3°. Combien l'intégrale $\int_a^b y dx$ admet-elle de classes de valeurs distinctes, en comprenant dans la même classe toutes celles qui ne diffèrent que par des multiples des périodes?

Il résout ensuite ces trois problèmes dans les cas importants qui suivent :

1°. y est lié à x par une équation du second degré en y.

2°. $y = \frac{1}{\sqrt[m]{f(x)}}$.

Dans son second Mémoire (t. XVI du *Journal*), M. Puiseux résout affirmativement la seconde question dans le cas où l'équation entre y et x est irréductible, ce qui est évidemment le seul cas à considérer. Son raisonnement est le suivant :

Il existe une combinaison A de contours élémentaires qui remplace la racine y_1 par la racine y_μ lorsqu'on revient au point de départ a. En effet, si cela n'avait pas lieu, soient $y_1, y_2, \ldots, y_\alpha$ les racines qui, par une combinaison convenable de contours, pourront seules remplacer y_1. Aucune combinaison de contours ne pourra remplacer aucune d'elles par une racine étrangère au groupe $y_1, y_2, \ldots, y_\alpha$. Tout ce qu'elle pourra faire sera de permuter ces racines entre elles. Dès lors une fonction symétrique de ces racines restera invariable par toute combinaison de contours. Elle sera donc une fonction rationnelle. Donc l'équation

$$(y - y_1),(y - y_2)\ldots(y - y_\alpha) = 0,$$

dont les coefficients sont de semblables fonctions, sera rationnelle. L'équation primitive entre y et x admettrait donc le diviseur rationnel $(y - y_1) \ldots y - y_\alpha)$, ce qui est contraire à l'hypothèse.

Soit maintenant B un ensemble de contours décrits avec la valeur initiale y, qui ramène à la fin cette valeur initiale. Le système de contours A remplace y_1 par y_μ. Si donc on le décrit en sens inverse, en prenant y_μ pour valeur initiale, y_1 sera évidemment la valeur finale. Soit A^{-1} le système ainsi décrit en sens inverse.

Décrivons le système de contours A^{-1} en partant de la valeur initiale y_μ. Puis décrivons le système B, puis le système A : le système total résultant $A^{-1}BA$ ramènera y_μ à sa place ; car A^{-1} le remplace par y_1, que B laisse à sa place, et que A remplace par y_μ. L'intégrale relative au contour $A^{-1}BA$ sera donc une période relativement à la racine y_μ.

Mais l'intégrale relative au contour A^{-1} détruit identiquement l'intégrale relative au contour A ; de sorte que la période ainsi obtenue n'est autre que l'intégrale relative à B, en prenant y_1 pour point de départ : elle est donc identique à la période relative à y_1.

On voit aisément quelles frappantes analogies existent entre ce mode de raisonnement et quelques-unes des considérations de la thèse précédente, où les substitutions définies par la notation $A^{-1}BA$ jouent un rôle si important.

M. Puiseux n'a pas publié la solution générale du premier et du troisième problème ; je me suis proposé de combler cette lacune dans les pages suivantes. Elles étaient déjà écrites, lorsque M. Puiseux a bien voulu me communiquer des recherches inédites sur cette question, datant de 1851. Il y donne la solution complète du troisième problème, et celle du premier, lorsque tous les points critiques sont distincts les uns des autres.

M. Puiseux m'a également parlé d'une formule de M. Cauchy, relative au même sujet. Je l'ai cherchée inutilement dans les *Comptes rendus*.

Enfin M. Riemann s'est également occupé de ce genre de questions. L'obscurité d'une langue étrangère ne m'a pas permis de me rendre un compte bien exact de sa méthode et de ses résultats ; je crois pourtant que les considérations de surfaces sur lesquelles se fonde son analyse sont moins simples et moins claires que celle des contours tracés dans un plan.

Solution du troisième problème.

Le troisième problème n'offre pas de difficultés bien réelles. Réservons le signe $\int_a^b y\,dx$ pour représenter l'intégrale rectiligne entre a et b. Toutes les valeurs de l'intégrale prise suivant divers chemins peuvent être obtenues en décrivant d'abord un ensemble de contours élémentaires, puis l'intégrale rectiligne.

Soit I l'intégrale relative à cet ensemble de contours : je suppose qu'on soit parti de la valeur initiale y_1, et qu'en revenant au point de départ on trouve la valeur y_2. En prenant ensuite l'intégrale rectiligne avec une valeur initiale y_2, on trouvera pour l'intégrale totale relative à ce chemin

$$I + \int_a^b y_2\, dx.$$

Pour d'autres contours élémentaires, on aurait de même d'autres intégrales totales analogues

$$I' + \int_a^b y_2 dx, \quad I'' + \int_a^b y_2 dx,$$

$$L + \int_a^b y_3 dx, \quad L' + \int_a^b y_3 dx....$$

Il est facile maintenant de voir que deux chemins pour lesquels l'intégrale rectiligne est la même donnent des valeurs de l'intégrale totale appartenant à la même classe. En effet, la différence entre

$$I + \int_a^b y_2\, dx \quad \text{et} \quad I' + \int_a^b y_2\, dx$$

sera I — I'.

Mais I — I' est une période : car l'ensemble de contours I remplace la valeur initiale y_1 par y_2. Il en est de même de l'ensemble de contours I'. Si donc, après avoir décrit les contours I, on décrit les contours I' en sens inverse, on retombera sur la valeur initiale y_1, et l'intégrale I — I' relative à ce chemin sera une période.

Au contraire, il est impossible que deux intégrales totales appartiennent à la même classe, lorsque l'intégrale rectiligne qu'elles contiennent n'est pas la même dans toutes deux.

Prenons en effet les deux intégrales $I + \int_a^b y_2\, dx$ et $L + \int_a^b y_3\, dx$. Admettons que la différence de ces deux intégrales, $I - L + \int_a^b (y_2 - y_3)\, dx$ soit égale à $mC + m'C' + \ldots$, C, C'... étant les diverses périodes, m, m'... des entiers finis. En déplaçant infiniment peu le point b, on altérera infiniment peu cette différence : et l'égalité

$$I - L + \int_{a}^{b+\Delta b} (y_1 - y_2)\, dx = mC + m'C' \ldots$$

ne sera plus vraie. Une semblable égalité ne saurait donc être vraie en général, mais seulement pour certaines positions particulières du point b.

De ce qui précède, on tire le théorème suivant :

Théorème. Le nombre des classes de valeurs de l'intégrale totale est égal au nombre des racines de l'équation en y.

Étude du premier problème dans un cas fort général.

Je suppose en premier lieu que l'équation entre x et y soit l'équation générale du degré n

$$F(x,y) = Ay^n + (Bx + B')y^{n-1} + (Cx^2 + C'x + C'')y^{n-2} + \ldots = 0.$$

Aucune valeur de x ne rendra y infini. Les seuls points critiques seront ceux pour lesquels y acquiert des valeurs égales : ils seront déterminés par le système des deux équations suivantes :

$$F = 0, \quad \frac{dF}{dy} = 0.$$

Eliminant y entre ces équations, on obtient une résultante en x du degré $n(n-1)$. Les points critiques sont donc en nombre $n(n-1)$, et en chacun d'eux l'équation en y aura une racine double.

La nature de chaque point critique sera définie par les deux valeurs de y qui y deviennent égales, et qui se permutent l'une dans l'autre lorsqu'on décrit le contour élémentaire relatif à ce point.

L'intégrale relative à une combinaison quelconque de contours élémentaires, qui ramène au point a la valeur initiale y_1, sera une période.

Théorème. Le nombre des combinaisons de contours distinctes qui satisfont à la condition de ramener la valeur initiale y_1, est indépendant de la nature particulière des points critiques : il est égal à $(n-1)^2$.

J'admets implicitement dans cet énoncé que l'équation en y est irréductible. Il suit de là (page 71) que, quelle que soit la racine y_μ, on pourra trouver un système de contours qui permette de passer de la valeur initiale y_1, à la valeur finale y_μ. Soient $y_2, y_3, \ldots, y_\alpha$, l'ensemble des racines qui deviennent en certains points critiques égales à y_1, et se permutent avec y_1, par les contours élémentaires correspondants : soit $y_{\alpha+1} \ldots y_\beta$ l'ensemble des racines qui deviennent en certains points critiques égales respectivement à quelqu'une des racines $y_2, y_3, \ldots, y_\alpha$; de telle sorte qu'en combinant les contours relatifs à ces nouveaux points critiques avec les contours relatifs aux points où les $y_1, y_2, \ldots, y_\alpha$, deviennent égaux entre eux, on puisse passer de la valeur y_1 à l'une des valeurs $y_{\alpha+1} \ldots y_\beta$. Si le nombre des racines y n'est pas épuisé, on considérera de même l'ensemble des racines $y_{\beta+1} \ldots y_\gamma$ qui deviennent égales, en certains points critiques, à l'une des racines précédentes. En continuant de la sorte, on épuisera nécessairement le nombre des racines : sans quoi les racines restantes ne pourraient succéder à $y_1 \ldots y_\gamma$ par aucune combinaison de contours, et l'équation serait réductible.

Cela établi, supprimons par la pensée un certain nombre de ces points critiques, en ne conservant que ceux qui sont absolument indispensables pour que les contours correspondants permettent de passer de y_1 à une autre racine quelconque y_μ. Ainsi l'on conservera l'un des points critiques pour lesquels $y_1 = y_2$, l'un de ceux pour lesquels $y_1 = y_3, \ldots$, l'un de ceux pour lesquels $y_1 = y_\alpha$. On supprimera tous ceux pour lesquels $y_2 = y_3, \ldots, y_2 = y_\alpha$. Mais pour chacune des racines $y_{\alpha+1} \ldots y_\beta$ on conservera un des points pour lesquels elle devient égale à l'une des racines $y_2 \ldots y_\alpha$. De même pour chaque racine $y_{\beta+1} \ldots y_\gamma$ on conservera l'un des points pour lesquels elle devient égale à l'une des précédentes : etc... On fait alors les remarques suivantes :

1°. Le nombre des points conservés sera

$$(\alpha - 1) + \beta + \gamma \ldots = n - 1;$$

le nombre des points supprimés sera donc

$$n(n-1) - (n-1) = (n-1)^2.$$

2°. En combinant convenablement les contours relatifs aux points conservés, on pourra remplacer y_1 par un racine quelconque y_μ, et cela d'une seule manière. On ne pourra donc revenir à cette valeur initiale y_1 qu'en parcourant en sens inverse les mêmes contours. Le nombre des périodes serait donc nul, si les points critiques conservés existaient seuls en réalité.

Cela posé, j'introduis de nouveau l'un des points supprimés, et pour fixer les idées, je suppose que ce point rende précisément y_1 égal à y_μ. Le contour relatif à ce point permute ces deux racines entre elles, et je vois que j'aurai introduit une période. Car la combinaison de contours A qui amenait y_μ à succéder à y_1, suivie du nouveau contour B qui ramène y_1 à la place de y_μ, donnera un système de contours AB, qui laisse y_1 à sa place. L'intégrale relative à ce système sera donc une période.

Rétablissons ainsi successivement chacun des points supprimés. Chacun d'eux introduira un nouveau système de contours, indépendant des précédents, et qui ramène la valeur initiale y_1. Il n'en introduira d'ailleurs qu'un seul.

En effet, soient y_μ, y_ν les deux racines qui deviennent égales au point qu'on rétablit. Le contour C, relatif à ce point, échangera entre elles ces deux racines. Soient A, A', A'', ..., les divers systèmes de contours qui remplacent y_1 par y_μ, B, B', B'', ..., ceux qui remplacent y_ν par y_1. Les divers systèmes nouveaux de contours qui ramènent la valeur initiale y_1 seront les suivants :

$$\text{ACB},\ \text{ACB}',\ \text{ACB}'',\ldots,\ \text{A}'\text{CB},\ldots,\ \text{A}''\text{CB}',$$

et les suivants :

$$\text{B}^{-1}\text{CA}^{-1},\ldots,\ (\text{B}')^{-1}\text{C}(\text{A}'')^{-1}.$$

On voit aisément que l'intégrale relative au système de contours $\text{B}^{-1}\text{CA}^{-1}$ est égale et contraire à celle relative au système de contours ACB. Car l'intégrale relative aux contours B, décrits dans un certain sens avec une valeur initiale y_ν et une valeur finale y_1, est précisément égale et contraire à l'intégrale relative à ces contours décrits dans un ordre inverse B^{-1}, avec y_1 pour valeur initiale, y_ν pour valeur finale. De même pour les parties de l'intégrale relatives aux systèmes de contours A et A^{-1}.

Il reste à démontrer que les intégrales relatives au contour C sont égales et contraires dans les deux cas. Dans l'un, y_μ est la valeur initiale ; dans l'autre, c'est y_ν.

Dans le premier cas, l'intégrale se composera de trois parties : 1° l'intégrale rectiligne $\int_a^b y_\mu dx$; 2° l'intégrale $\int y dx$ relative au contour infiniment petit du cercle. Cette intégrale est nulle, y restant fini ; 3° l'intégrale rectiligne obtenue en revenant de b en a avec la valeur initiale y_ν. Elle est

Fig. 2.

égale à $\int_b^a y_\nu dx = -\int_a^b y_\nu dx$. L'intégrale totale sera donc

$$\int_a^b (y_\mu - y_\nu)\,dx.$$

Dans le deuxième cas, elle sera évidemment

$$\int_a^b (y_\nu - y_\mu)\,dx,$$

expression égale et contraire à la précédente.

Tous les systèmes de contours $B^{-1}CA^{-1}, \ldots, (B^\gamma)^{-1}C(A^\alpha)^{-1}, \ldots$, ne donneront donc aucune période nouvelle. Il ne restera donc à considérer, comme systèmes de contours pouvant donner lieu à de nouvelles périodes, que ceux de la première ligne

$$ACB, \ldots, (A^\alpha)C(B^\gamma), \ldots.$$

Mais ceux-ci ne donnent lieu qu'à une seule période nouvelle : en effet, on a identiquement

$$(A^\alpha)C(B^\gamma) = (A^\alpha).A^{-1}.ACB.B^{-1}.(B^\gamma).$$

L'intégrale relative au système de contours $(A^\alpha)C(B^\gamma)$ se compose donc de trois parties :

La première est l'intégrale relative au système des contours $(A^\alpha)A^{-1}$; ce système ramène la valeur initiale y_1; l'intégrale correspondante est donc une des périodes primitives antérieures à l'introduction du nouveau contour C.

L'intégrale ACB est la nouvelle période, unique, qui provient de l'introduction du contour C.

Enfin l'intégrale $B^{-1}(B')$ est aussi l'une des périodes anciennes.

Ainsi chaque contour élémentaire C qu'on rétablit introduit une période. Le nombre des contours supprimés étant $(n-1)^2$, le nombre des périodes sera $(n-1)^2$, ce qui démontre le théorème énoncé plus haut.

Discussion des autres cas.

Je suppose y déterminé par l'équation plus générale que la précédente

$$F = y^n + Ay^{n-1} + By^{n-2} + \ldots = 0,$$

ou A, B, ..., sont des fonctions entières de x, qui peuvent être d'un degré quelconque. Si M est le degré de l'équation en x qui résulte de l'élimination de y entre les deux équations

$$F = a, \quad \frac{dF}{dy} = 0,$$

et que d'ailleurs cette équation n'ait pas de racines égales, on verra, comme précédemment, que le nombre des combinaisons de contours distinctes qui ramènent la valeur initiale y, sera égal à

$$M - n + 1.$$

Mais il peut arriver que l'équation finale en x ait des racines égales : c'est alors que plusieurs des points critiques coïncident : dans ce cas, le nombre des combinaisons de contours distinctes peut se trouver réduit.

En effet, si l'on suppose les points critiques qui se réunissent d'abord peu éloignés les uns des autres, et en b, b_1, b_2,..., on pourra imaginer divers

Fig. 3.

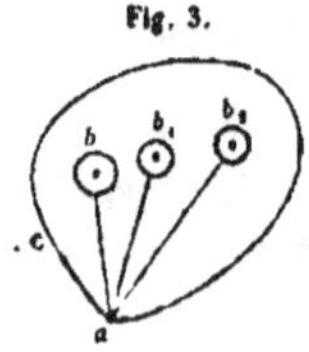

contours renfermant chacun dans leur intérieur un seul des points b, b_1, b_2,..., ou deux, ou un nombre quelconque d'entre eux, choisis à volonté. Si maintenant ces divers points, d'abord voisins, arrivent à se confondre,

Fig. 4.

tout contour qui renfermera l'un d'eux dans son intérieur les renfermera tous, et sera par suite l'équivalent du contour C de la première figure. Cette condition d'exclure tout contour renfermant seulement une partie de ces points critiques b, b_1, b_2... peut diminuer le nombre des périodes.

Pour se rendre compte de la diminution de ce nombre dans chaque cas, on fera le raisonnement suivant :

Soit K le nombre des points critiques coïncidents dans le cas particulier que l'on considère, et seulement voisins les uns des autres, lorsqu'on change un peu les coefficients de l'équation en y. Ces points étant encore isolés les uns des autres, supprimons-les successivement par la pensée. La suppression de chacun d'eux diminuera d'une unité le nombre des périodes. Le nombre total des périodes serait donc diminué de K si l'on faisait abstraction complète de tous ces points.

Rétablissons maintenant le point critique multiple, et voyons de combien le nombre des périodes sera augmenté. D'après la démonstration de M. Puiseux, les racines égales en ce point se partageront en groupes qui se permutent circulairement en tournant autour de ce point. Soient

$$y_1 y_2 \cdots y_\mu, \quad y_{\mu+1} \cdots y_{\mu'+\mu}, \quad y_{\mu'+\mu+1} \cdots y_{\mu''+\mu'+\mu} \cdots$$

ces divers groupes.

Partons de la valeur initiale y_1, et décrivons un contour élémentaire. Lorsqu'on revient au point de départ, l'intégrale obtenue est égale à $\int_a^b (y_1 - y_2) dx$ et l'on trouve y_2 pour valeur finale. Si l'on combine ce contour à ceux qui permettent déjà de passer de y_1 à y_2, on aura accru d'une unité le nombre des périodes, d'après un des raisonnements précédents.

Partant de la même valeur initiale, décrivons deux fois de suite le contour élémentaire du point b. De retour au point de départ, on tombe sur la valeur finale y_3, et l'intégrale relative à ce contour sera $\int_a^b (y_1 - y_3)dx$. En combinant ce contour avec les précédents, on accroît encore d'une unité le nombre des périodes.

Continuant ainsi, toujours en partant de la valeur initiale y_1, on trouve $\mu - 1$ périodes nouvelles. Car lorsqu'on décrit μ fois le contour élémentaire, on retrouve au point de départ la valeur y_1 et l'intégrale correspondante $\int_a^b (y_1 - y_1)dx$ est nulle.

D'ailleurs on voit aisément qu'en partant d'une des valeurs initiales $y_2 \ldots y_\mu$, on n'obtient aucune combinaison nouvelle de contours. Ainsi, par exemple, on passe de y_2 à y_3 en décrivant une fois le contour élémentaire avec la valeur initiale y_2. Mais on voit que cela revient à décrire une fois en sens inverse le contour élémentaire, de sorte que de la valeur initiale y_2 on passe à la valeur finale y_1, puis deux fois le contour élémentaire, dans le sens direct, pour passer de y_1 à y_3. On voit donc qu'on n'a introduit aucun moyen de passer de y_2 à y_3 qui ne fût implicitement contenu dans les combinaisons de contours précédents.

On peut partir de la valeur $y_{\mu+1}$ comme de la valeur y_1, et raisonner de même, etc.; le nombre total des périodes introduites par le rétablissement du point multiple sera donc

$$\mu - 1 + \mu' - 1 + \mu'' - 1 + \ldots + \text{etc.}$$

Le nombre total des périodes perdues par la réunion des divers points $b, b_1, b_2, \ldots$, sera donc

$$K - (\mu - 1) - (\mu' - 1) - \ldots \text{etc.} \; (^*)$$

(*) La suppression simultanée des K points critiques voisins ne serait pas permise dans le cas où il ne serait plus possible, après cette suppression, de trouver un contour qui remplace la racine initiale y_1 par une quelconque des racines y_μ. Mais on peut se convaincre que la justesse des raisonnements subsiste dans ce cas par la considération suivante :

Supposons qu'on introduise, outre les points critiques existants, un certain nombre N de points critiques fictifs choisis de telle sorte qu'on puisse ensuite supprimer les K points considérés sans que y_μ cesse de pouvoir remplacer y_1. Les N points fictifs ainsi ajoutés intro-

Théorème. Le nombre total des périodes qui restent, sera donc

$$M-(n-1)-K+(\mu-1)+(\mu'-1)+\ldots.$$

Pour le déterminer complétement, il faudra donc, dans chaque cas particulier, calculer M, K et μ, μ', μ''.... Ces trois problèmes, fort analogues entre eux, se résolvent par une méthode commune, exposée en détail par M. Puiseux, celle du développement des racines y_1, y_2,...,y_n suivant les puissances de x. Je vais la reprendre brièvement.

M. Puiseux se propose de déterminer μ, μ' μ'',... etc. L'équation entre x et y est satisfaite par les valeurs x_0 et y_0 relatives au point critique; elle pourra donc se mettre sous la forme

$$F=A(x-x_0)+A'(y-y_0)+B(x-x_0)^2+B'(x-x_0)(y-y_0)\ldots=0.$$

Si deux racines deviennent égales à y_0 pour $x=x_0$, $\frac{dF}{dy}$ doit s'annuler pour le même système de valeurs x_0, y_0: donc $A'=0$. D'autres coefficients peuvent être nuls, si plus de deux racines deviennent égales, ou si elles le deviennent plusieurs fois au même point.

M. Puiseux développe alors $y-y_0$ suivant les puissances croissantes de $x-x_0$. Pour $x-x_0$ très-petit, cette série se réduira sensiblement à son premier terme, qu'il s'agira de déterminer. Lorsque $x-x_0$ et $y-y_0$ resteront très-petits, l'équation de condition $F=0$ pourra se simplifier en supprimant les termes multipliés par les puissances les plus élevées de $x-x_0$ et de $y-y_0$. Ainsi parmi les termes qui contiennent chaque puissance de $y-y_0$, on ne conservera que celui où x se trouve à la moindre puissance: on aura ainsi une équation simplifiée qui, ordonnée suivant les puissances de $y-y_0$, sera

$$M(x-x_0)^{\alpha}+N(x-x_0)^{\alpha'}(y-y_0)+P(x-x_0)^{\alpha''}(y-y_0)^2\ldots=0.$$

---

duiront N périodes nouvelles. On supprimera ensuite les K points voisins, et on les remplacera par un seul point multiple. Le nombre des périodes sera par là diminué de $K-(\mu-1)-(\mu'-1)-\ldots$ etc. Cela fait, on pourra supprimer les N points fictifs auxiliaires, ce qui diminuera de N le nombre des périodes. Les deux termes $+N$ et $-N$ se détruisant, le nombre des périodes perdues sera bien réellement dans tous les cas :

$$K-(\mu-1)-(\mu'-1)\ldots.$$

Les exposants μ, μ', μ'' devront aller en décroissant, sinon on pourra supprimer encore quelques-uns de ces termes. Soit en effet $\mu'' \overline{\gtrless} \mu$. Le terme $P(x-x_0)^{\mu''}(y-y_0)^s$ sera négligeable par rapport au terme $M(x-x_0)^{\mu}$. Par ces nouvelles suppressions, on arrivera à une équation finale

$$M(x-x_0)^{\mu}+N(x-x_0)^{\mu'}(y-y_0)+\ldots+Q(y-y_0)^k=0,$$

qui déterminera approximativement les diverses valeurs $y-y_0$ qui s'annulent pour $x-x_0$.

Le dernier terme $(y-y_0)^k$ est multiplié par un facteur constant Q : car l'équation complète contient un terme en $(y-y_0)^n$ multiplié par une constante et qui ne disparaît de l'équation simplifiée que devant une puissance moindre de $(y-y_0)$, également multipliée par un facteur constant.

On posera maintenant dans l'équation simplifiée $y-y_0=A(x-x_0)^{\alpha}$ et on déterminera A et α de telle sorte que les termes de cette équation dont le degré sera le moindre après cette substitution, se détruisent. La première condition pour que ces termes se détruisent sera qu'ils soient plusieurs du même degré, ce qui déterminera α. Puis en égalant à zéro la somme de ces termes, on aura une équation qui déterminera A.

On emploiera la construction géométrique suivante :

Prenons deux axes coordonnés et représentons chaque terme tel que $P(x-x_0)^{\lambda}(y-y_0)^{\nu}$ par un point ayant λ pour abscisse et ν pour ordonnée. Le premier de ces points, correspondant au terme $M(x-x_0)^{\mu}$, sera sur l'axe des x, à une distance μ. Les suivants formeront une série dans laquelle l'abscisse, que je désignerai par ξ, ira continuellement en diminuant, tandis que l'ordonnée η ira croissant jusqu'à la valeur finale k, relative au dernier point situé sur l'axe des y.

Si l'on pose $y=Ax^{\alpha}$, les termes de même degré seront ceux pour lesquels l'exposant en x, ajouté à l'exposant de y multiplié par α, a la même valeur. Les points correspondants à ces termes se trouveront donc sur une droite

$$\xi+\alpha\eta=\text{const}\ldots\ C.$$

Les points situés au-dessus de cette droite seront d'un degré plus élevé ; car on aura pour ces points

$$\xi+\alpha\eta>C.$$

Au contraire, les points situés en dessous de cette droite seront d'un degré moindre, car on aura pour ces points

$$\xi + \alpha\eta < C.$$

Si donc on veut déterminer α par la relation que plusieurs termes deviennent d'un même degré, tous les autres étant d'un degré supérieur, il faudra qu'une droite définie par l'équation

$$\xi + \alpha\eta = \text{une constante}$$

passe par plusieurs des points a, b, c, d, e, f, correspondants aux divers termes de l'équation simplifiée, et laisse tous les autres en dessus. Autrement dit, cette droite doit être l'un des côtés du polygone convexe vers l'origine, qui renferme dans son intérieur tous les sommets par lesquels il ne passe pas.

Les côtés de ce polygone sont faciles à construire : chacun d'eux pourra successivement être considéré comme la droite dont $-\alpha$ est le coefficient angulaire. La détermination des diverses valeurs de α est donc complète.

Les valeurs correspondantes de A se trouvent aisément. Je considère un des côtés du polygone convexe, qui renferme un certain nombre des points $a, b, c, \ldots$, ayant respectivement pour coordonnées λ et μ, λ' et $\mu', \ldots, \lambda^m$ et μ^m, tous les autres points restant au-dessus. On pourra supprimer dans l'équation simplifiée tous les termes, excepté ceux du degré le moins élevé

$$Px^{\lambda}y^{\mu} + P'x^{\lambda'}y^{\mu'} \ldots + P^m x^{\lambda^m} y^{\mu^m} = 0 \text{ (*)}.$$

Posant ensuite $y = Ax^{\alpha}$, et supprimant le facteur commun $x^{\lambda+\alpha\mu} = x^{\lambda'+\alpha\mu'}$, il vient

$$PA^{\mu} + P'A^{\mu'} \ldots + P^m A^{\mu^m} = 0,$$

et supprimant encore le facteur commun A^{μ}, on trouve

$$\text{(E)} \qquad P^m A^{(\mu^m-\mu)} + \ldots + P' A^{(\mu'-\mu)} + P = 0.$$

Cette équation détermine les valeurs de A. Il est aisé de voir que si α est

(*) Je remplace ici pour abréger $y - y_0$ et $x - x_0$ par y et x.

une fraction irréductible $\frac{r}{s}$, elle ne contiendra que des puissances entières de A'. En effet la condition

$$\lambda + \alpha\mu = \lambda' + \alpha\mu'$$

donnera

$$\alpha(\mu' - \mu) = \lambda - \lambda' = \text{entier}.$$

Donc $\mu' - \mu$ est divisible par le dénominateur s de α. De même pour $\mu'' - \mu$,....

L'équation (E), résolue par rapport à A', donnera un certain nombre de racines R', R'_1, R'_2,... et les valeurs correspondantes de B seront

$$\begin{array}{lll} R, & \theta R, & \theta^2 R \ldots \theta^{s-1} R, \\ R_1, & \theta R_1, \ldots\ldots\ldots\ldots\ldots\ldots, & \\ R_2, & \theta R_2, \ldots\ldots\ldots\ldots\ldots\ldots, & \end{array}$$

θ désignant une racine primitive de l'équation $x^s = 1$.

Si les racines R, R', R" sont toutes inégales, on reconnaît aisément que les racines

$$y_1 = Rx^\alpha + \ldots, \quad y_2 = \theta Rx^\alpha + \ldots, \quad y_3 = \theta^2 Rx^\alpha + \ldots,$$

formeront un système circulaire et se permuteront entre elles en tournant autour du point critique. Chaque racine R, R', R" donnera ainsi lieu à un système circulaire d'ordre s.

Si quelques-unes des quantités R, R', R",... sont égales, il existera plusieurs racines ayant un même premier terme Ax^α dans leur développement suivant les puissances croissantes de x. Pour distinguer celles d'entre elles qui se permutent les unes dans les autres par une rotation autour du point critique, il faudra déterminer le second terme du développement de chacune d'elles. Pour cela, on posera $y = Ax^\alpha + z$. En substituant cette valeur, on aura une équation en z : et l'on déterminera comme précédemment le premier terme de toutes celles de ses racines pour lesquelles le degré de ce premier terme est supérieur à α. On aura ainsi le second terme βx^δ de chacune des racines y qui ont même premier terme. Si pour plusieurs d'entre elles, ce second terme est encore le même, on calculera le troisième, etc... jusqu'à ce que toutes les racines soient séparées.

Soit $y = Ax^\alpha + Bx^\beta + \ldots$ une de ces racines, que je suppose isolée. Soit α le plus petit multiple des dénominateurs des fractions α et β, on aura

$$y = Ax^{\frac{e}{d}} + Bx^{\frac{e'}{d}} + \ldots,$$

e et e' étant des entiers. Et l'on voit sans peine, comme dans le cas précédent, que si θ est une racine primitive de l'équation $x^d = 1$, il y aura d racines y telles, que les premiers termes de leur développement soient respectivement

$$Ax^{\frac{e}{d}} + Bx^{\frac{e'}{d}} + \ldots,$$
$$\theta\left(Ax^{\frac{e}{d}} + Bx^{\frac{e'}{d}}\right) + \ldots,$$
$$\theta^{d-1}\left(Ax^{\frac{e}{d}} + Bx^{\frac{e'}{d}}\right) + \ldots,$$

lesquelles d racines se permuteront entre elles lorsqu'on décrira un cercle autour du point critique.

Le problème qui consiste à déterminer, pour le point critique considéré, les divers cycles entre lesquels se partagent les racines, est donc complétement résolu par le développement en série.

Le second problème qui consiste à déterminer le nombre des racines nulles de l'équation résultante de l'élimination de y entre les deux suivantes :

$$F(x, y) = 0, \quad F'_y(x, y) = 0,$$

se trouve résolu par les mêmes principes. En effet, soient $y_1, y_2, \ldots, y_n$ les racines de l'équation $F = 0$. L'équation résultante en x sera

$$\text{(H)} \qquad F'(x, y_1).F'(x, y_2)\ldots F'(x, y_n) = 0.$$

D'ailleurs

$$F(x, y) = C(y - y_1)(y - y_2)\ldots(y - y_n).$$

Donc

$$F'(x, y_1) = C(y_1 - y_2)(y_1 - y_3)\ldots(y_1 - y_n),$$
$$F'(x, y_2) = C(y_2 - y_1)(y_2 - y_3)\ldots(y_2 - y_n), \text{ etc.}$$

L'équation résultante (H) sera donc à un facteur constant près le produit des carrés des différences des racines $y_1, y_2, \ldots, y_n$. Mais puisque chaque racine y est développée suivant les puissances croissantes de x, les différences $y_1 - y_2$, etc., le seront par là-même : et le produit des carrés des termes qui ont le plus petit exposant dans chacune de ces différences sera le terme dont l'exposant sera le moins élevé dans le produit résultant. Cet exposant minimum indique le nombre cherché des racines nulles de l'équation (H).

Enfin, pour résoudre le dernier problème qui consiste à trouver le degré de l'équation (H), il faudra développer les racines $y_1, y_2, \ldots, y_n$, et, par suite, leurs différences, suivant les puissances décroissantes de x. Le produit des premiers termes de ces développements ne se réduira avec aucun autre, et sera le terme dont le degré en x est maximum. Ce degré sera celui de l'équation.

D'ailleurs le développement des racines y suivant les puissances descendantes de x s'effectuera par des procédés tout à fait analogues aux précédents. On commencera par simplifier l'équation en supprimant les termes dont le degré est le moins élevé; puis on construira les points dont l'abscisse et l'ordonnée sont les exposants de x et y dans chaque terme. On fera ensuite $y = Ax^{\alpha}$. Seulement ici la droite $\xi + \alpha\eta =$ constante, au lieu de laisser en dessus d'elle tous les sommets par lesquels elle ne passe pas, doit les laisser en dessous. A cela près, tout est identique à ce que j'ai indiqué pour l'autre développement.

Ce procédé pour le développement des racines en séries et l'évaluation du degré de l'équation finale a été donné par M. Minding sous une forme purement analytique, moins élégante que la construction géométrique. Je ne sais si son travail est antérieur ou non à celui de M. Puiseux.

Remarque générale.

Ce qui précède résout complétement dans chaque cas particulier le problème de déterminer le nombre des systèmes de contours indépendants qui ramènent la valeur initiale y_1. L'intégrale relative à chacun d'eux est une période.

Mais à cette question en quelque sorte géométrique en succède une autre, bien autrement difficile. Toutes ces périodes I, I', etc... sont-elles distinctes les unes des autres? On ne serait-il pas possible de trouver entre elles certaines équations linéaires à coefficients entiers, de la forme

$$mI + m'I' + m''I'' = \ldots = 0?$$

Ces relations linéaires entre les périodes, qui en réduisent le nombre, existent-elles dans le cas général? Ou quelles sont les conditions nécessaires pour qu'elles existent? Et comment pourrait-on les assigner à priori?

Ces questions me semblent plus faciles à poser qu'à résoudre. Cependant on pourrait peut-être se servir avec avantage du théorème établi par M. Puiseux, dans le cas où une des racines y, revient à sa valeur initiale lorsqu'on décrit un contour qui renferme dans son intérieur tous les points critiques. Pour l'énoncé et la démonstration de ce théorème, je renvoie au Mémoire que j'ai si souvent cité.

Vu et approuvé,

Le 7 Avril 1860.

Le Doyen de la Faculté des Sciences,

MILNE EDWARDS.

Permis d'imprimer,

Le 7 Avril 1860.

Le Vice-Recteur de l'Académie de Paris,

ARTAUD.

Paris. — Imprimerie de MALLET-BACHELIER, rue du Jardinet, 12.

www.ingramcontent.com/pod-product-compliance
Lightning Source LLC
LaVergne TN
LVHW020429230826
846091LV00004B/1430

* 9 7 8 2 0 1 3 5 9 6 2 0 6 *